潮ワイド文庫——001

『民衆こそ王者』に学ぶ　常勝関西の源流

潮出版社

本書は、単行本『民衆こそ王者――池田大作とその時代』から抜粋し、再構成したものです。第一章は、関西創価学会の原点である「大阪の戦い」と呼ばれる一九五六年（昭和三十一年）の日々を中心にまとめられています。第二章から第六章は、冤罪《えんざい》の「大阪事件」（一九五七年）をテーマに、「起訴されたら99・9％が有罪」といわれる刑事裁判で無罪判決を勝ち取るまでの物語が描かれています。

編集部

『民衆こそ王者』に学ぶ

常勝関西の源流

◆

目次

装丁＝金田一亜弥
カバー写真＝アメリカＳＧＩ（創価学会インタナショナル）の青年部が、「大阪大会」の会場となった中之島の大阪市中央公会堂前で記念のカメラに納まった（二〇一八年二月）©聖教新聞社

第一章

小説『人間革命』第十巻――「大阪の戦い」

二〇〇六年（平成十八年）三月二十日。サントリー社長の佐治信忠《さじのぶただ》は、少し緊張《きんちよう》していた。東京・八王子市の創価大学。来賓《らいひん》として卒業式に出席した時のことである。大学創立者の池田大作は、居並《いなら》ぶ来賓に一礼《いちれい》すると、佐治に声をかけた。「お父様（故・佐治敬三）も、よく存《ぞん》じ上げております。忘れません」。ステージ中央で握手《あくしゆ》を交わす二人。

東洋屈指《とうようくつし》の規模《きぼ》を誇る創大の池田記念講堂。参加者は約四〇〇〇人。割《わ》れんばかりの拍手が壇上《だんじよう》に集まる。

普段《ふだん》から大声で、豪放《ごうほう》な人柄《ひとがら》で知られる佐治も「あれには、さすがにあがった」。

◇

一八九九年（明治三十二年）、大阪市西区で産声《うぶごえ》をあげた鳥井商店《とりいしようてん》が、サントリーの前身である。「やってみなはれ」という合言葉を生んだ鳥井信治郎《しんじろう》が創業者。その孫である信忠は二〇〇八年（平成二十年）、ビール事業を初の黒字に転換《てんかん》。父の時代以来の悲願を達成した。海外での事業展開も加速し、現在、国内外合わせて二〇九のグループ会社を率《ひき》いる。
「池田会長のことは、父から常々《つねづね》、話を聞いておりました。戦後日本を支えてこられた指導者の一人として、畏敬《いけい》の念《ねん》を抱《いだ》いています。文化を深く愛し、守ってこられる気概《きがい》や、早くから世界に目を向けてこられた国際性《こくさいせい》に、父と通じ合うものを感じております」

不可能を可能に！「青いバラ」の開発

近年《きんねん》のサントリーの挑戦のなかで、ひときわ脚光《きゃっこう》を浴《あ》びたのが、「世界初の青いバラ」の開発である。

英国の詩人キプリングは、「僕は世界の半分をさまよった、青い薔薇《ばら》が咲《さ》く土地を探して」と謳《うた》った（橋本槙矩訳）。「ブルーローズ」――それは長年《ながねん》、「不可能なもの」の代名詞だった。

「父・敬三がウイスキーづくりを学んだのは英国・スコットランドでした。英国の国旗には赤、白、青が使われており、スコットランドのシンボルカラーは青です。赤いバラ、白いバラはあるが、『青いバラ』がない。だから青いバラを開発して、

『スコットランドへの恩返しをしたい』という強い思いがあったと聞いています」と佐治は語る。

遺伝子開発《いでんしかいはつ》を管理《かんり》するカルタヘナ法に基《もと》づく承認を得て「青いバラ」が市場に並んだのは、二〇〇九年十一月。〝幻《まぼろし》の花〟に人々は魅了《みりよう》された。

関西発のサントリーに代表されるように、大阪には、何にでも挑戦してみようという気質《きしつ》がある。

◇

二〇一〇年の四月末、創価学会副理事長の池田博正は、学会本部に飾られたサントリーのブルーローズを目にする。

不可能を可能にした花――博正は思いを馳《は》せた。一九五六年（昭和三十一年）の夏、父・池田大作が同志とともに咲かせた、〝大阪の青いバラ〟ともいうべき歴史に。

その学会史に残る壮絶《そうぜつ》な日々は、

「大阪の戦い」

と呼ばれる。

そして今も、世界中の学会員が、池田の小説『人間革命』第十巻を通して、「大阪の戦い」を学ぶ。第十巻が刊行されたのは一九七八年（昭和五十三年）。このとき二十五歳の博正は、関西男子部の一員として、大阪の地で青春を過ごしていた。

「この部屋で先生が学会歌の指揮《しき》を」

一九七八年（昭和五十三年）四月。博正は大阪・交野《かたの》市の創価女子学園（現・関西創価学園）に、社会科教諭《きょうゆ》として赴任《ふにん》した。

高校一年の副担任として懸命《けんめい》の日々。寝屋川《ねやがわ》市の香里園《こうりえん》駅近くに住み、仕事を終えると、当時の京阪《けいはん》総合本部で学会活動に励んだ。京阪電車に乗って駆《か》けつけた座談会。

初めて会う壮年。にこにこと一枚の色紙《しきし》を見せてくれた。

「これ、『大阪の戦い』で池田先生が揮毫《きごう》してくれはったんですわ」

またある時、声を弾《はず》ませて話す婦人がいた。もちろん初対面《しょたいめん》である。

「ちょうど、この座布団《ざぶとん》の所で、先生が学会歌の指揮《しき》をとってくださったんですよ。誉《ほま》れの歴史です」

手紙、はがき、揮毫した扇子《せんす》や半紙《はんし》、書籍……。行く先々の、目立たない平凡《へいぼん》な家庭で、宝物《たからもの》のように保存されている。

◇

「一日一日が驚きだった」と博正は語る。

交野、枚方《ひらかた》、守口《もりぐち》、門真《かどま》、寝屋川、大東《だいとう》、四條畷《しじようなわて》……更《さら》に活動の範囲は広がり、大阪一円《いちえん》を訪れた。どこへ行っても例外はなかった。

家庭の悩みで池田に指導を受け、克服《こくふく》できたと語る婦人。御書《ごしよ》（日蓮《にちれん》の遺文集《いぶんしゆう》）講《こう》義《ぎ》の思い出に顔をほころばせる壮年。

二十年以上も前の日々を、誰《だれ》もが〝つい昨日《きのう》のこと〟のように熱心に話すのである。幹部でもない。名士《めいし》でもない。「普通のおっちゃん、おばちゃん」の生活そのものに、若き日の池田大作から受けた励ましが息づいていた。

「関西での学会活動は、そのまま〝父が刻《きざ》んだ足跡《そくせき》を巡《めぐ》る旅〟であり、私自身の人生の一つの転機《てんき》になりました」（池田博正）

瑞々《みずみず》しい出会いの連続のなか、『人間革命』第十巻が発刊された。この地で、仏法の師でもある父は、どう生きたのか。

博正はあらためて本のページを開いた。

「今は小さいけど、すごい団体だよ」

不当逮捕されていた池田が大阪拘置所を出所（手前、右から２人目。右隣は妻の香峯子）。沿道の人々からの喝采に包まれる（1957年７月17日、大阪市）©Seikyo Shimbun

〈昭和三十一年一月四日の大阪は、朝から冷《つめ》たい雨が降《ふ》っていた〉――『人間革命』第十巻は、この一文から始まる。

その二日前の一月二日。二十一歳の小山照子《てるこ》は、女子部の先輩である栗原明子、峯山益子とともに、大阪から戸田城聖《じょうせい》（創価学会第二代会長）を訪ね、総本山の理境坊《りきょうぼう》に来ていた。

「栗原さんと峯山さんが二階の戸田先生に挨拶《あいさつ》してくる間、私は玄関《げんかん》で待っていました」

一人の若い男性が階段を勢いよく下《お》りてきた。靴《くつ》を履《は》きながら、小山に声をかける。

「どこから来たの？」「大阪です」

「大阪のどこ？」「池田市です」

「おっ、そうか」

その青年は笑顔を浮かべ、「ぼくも〝池田〟というんだよ。毎月、教学の勉強会で大阪に行くから、その時はいらっしゃい」。

さらに「ご両親は元気？」等々、玄関先《げんかんさき》での会話は続いた。

「父は亡《な》くなりました。母が病気で、だから信心しました。今、私は証券《しょうけん》会社に勤めています」。小山は思わず、職場の悩《なや》みを打ち明けた。学会員であることを理由にした、同僚《どうりょう》からの嫌《いや》がらせに滅入《めい》っていた。

「そうか。随分《ずいぶん》苦労してきたんだね。でも、もう大丈夫《だいじょうぶ》。創価学会は今は小さいけど、すごい団体なんだ。退転《たいてん》したら駄目《だめ》だよ」と言って、表《おもて》へ飛び出していった。

ちょうど栗原、峯山が二階から下りてくる。「わー、照子さん、今の人が池田先生やで。なんて言われたの？」と聞かれた小山は、「大阪に来るから、勉強会においでって」。

「よかったなぁ。あんた、絶対に来なきゃ駄目よ」。二人の先輩はそろって喜んだ。

一月二日は池田の誕生日《たんじょうび》である。二十八歳の出発の日に、大阪の一女子部員の悩みを聴《き》き、励ます——この年の池田を象徴する出来事《できごと》だった。

「大阪から、貧乏人《びんぼうにん》と病人をなくす」

関西と池田を結ぶ源流《げんりゅう》は、一九五一年（昭和二十六年）に遡《さかのぼ》る。

この年の五月三日。戸田城聖は創価学会の第二代会長に就任。そして、戦争の辛酸《しんさん》をなめた民衆を幸せにするためにも、「七十五万世帯」の弘教《ぐきょう》を成《な》し遂《と》げる、という大宣言を発表した。

「……もし私のこの願いが、生きている間に達成できなかったならば、私の葬式《そうしき》は出してくださるな。遺骸《いがい》は品川の沖《おき》に投げ捨てていただきたい」

七十五万？　当時の創価学会の会員数は、わずか三〇〇〇。大多数《だいたすう》の学会員は呆気《あっけ》にとられた。何十年も未来の話だろう、と思った。

しかし参加者のなかで、この宣言を正面から受け止め、「必ず戸田先生のご存命《ぞんめい》中《ちゅう》に達成する」と、腹《はら》を決めた男がいた。

その男——池田大作は「七十五万世帯」発表の直後、戸田に進言《しんげん》する。「日本の広《こう》宣流布《せんるふ》の未来を考えた時、庶民《しよみん》の都・大阪にこそ、最も早く支部を建設するべきです」。大阪に学会員は皆無《かいむ》といってよかった。他の最高幹部も「大阪に支部をつくる」など、夢にも思わない時代である。

翌五二年（同二十七年）、学会の十五番目の支部として、「大阪支部」が産声《うぶごえ》をあげる。

池田が初めて来阪《らいはん》したのは八月十四日。戸田と出会った日から、ちょうど五年の節《ふし》目《め》の日だった。

大阪支部は他の支部のように、会員が多く集まった所につくった支部ではない。池田とともに、ほぼゼロからスタートしたのである。

◇

五六年（同三十一年）、大阪を訪れた戸田城聖は、「なぜ私は関西にやって来るのか。それはこの関西から、大阪から、貧乏人《びんぼうにん》と病人をなくすためである」という有名な指導を残している。そのためには、最も貧しい地域の人々の中にも飛び込む。極《きわ》めて自然な、必然《ひつぜん》の行動だった。

旧・関西本部ができる前、戸田たちの拠点《きよてん》の一つだった「花園旅館《はなぞのりよかん》」。その近くには〝日本最大のドヤ街（日雇《ひやと》い労働者の町）〟である「釜ケ崎《かまがさき》」が広がっていた。

この釜ケ崎で写真を撮り続けた井上青龍《せいりゅう》。日本を代表するドキュメンタリー写真家として知られる。生前、「誰も近寄《ちかよ》らんドヤ街に唯一《ゆいいつ》、〝創価学会座談会会場〟と書かれた提灯《ちょうちん》が次々と灯《とも》っていった」と証言している。

戸田は後に、こうも語った。

「学会を貧乏人と病人の集まりだなんて悪口を言うものがいたら、こう言ってやりなさい。

『それでは、あなたは、貧乏人と病人を、何人救ったのですか』と」

陣頭指揮《じんとうしき》を執《と》る戸田。その側《そば》には、常に池田がいた。

「生涯を決定する一戦《いっせん》」

池田は東京の大田、文京などを中心に弘教の突破口《とっぱこう》を開いてきた。

一九五五年（昭和三十年）の年末――つまり戸田がこの世を去る二年三カ月前の時点で、学会は三十万世帯を超えていた。驚《おどろ》くべき拡大である。

しかし――。終始《しゅうし》、戸田の側で仕《つか》えてきた池田。二年の投獄《とうごく》によって痛めつけられた恩師の体が、徐々《じょじょ》に衰弱《すいじゃく》していく現実に、気づかないはずがない。

戸田の願業達成《がんぎようたつせい》まで、あと四十五万世帯。東京のみを中心にしていたのでは、到底《とうてい》、間に合わない――。

池田が、自身の〈生涯を決定する一戦《いっせん》であった〉（『人間革命』第十巻「一念」の章）と明言《めいげん》する「大阪の戦い」が、ここに始まる。

どうすれば、不可能が可能になるのか。池田が示した〝将軍学《しようぐんがく》〟は有名である。

第一の要諦《ようてい》は、強盛《ごうじよう》な祈り。

第二の要諦は、最高の作戦、最高の行動。この二つの要諦を調和《ちようわ》させる信心――。

ゆえに池田は、一人ひとりの信心を奮《ふる》い立たせることから始めた。

◇

五六年（同三十一年）一月四日、池田は特急「つばめ」で大阪入りし、夜には御書《ごしよ》講義《こうぎ》を行った。

翌日は午前十時から午後六時まで、ひたすら個人指導である。一つ一つの悩みに、その人の人生がかかっている。真剣に応《おう》じれば応じるほど、それだけ疲労《ひろう》も重なる。

しかし一対一の対話以外に、突破口《とつぱこう》はない。

地区部長会《ちくぶちようかい》の席上、池田の訴えた言葉が『人間革命』に記されている。

〈どうか皆さん、皆さんを信頼《しんらい》している会員の一人ひとりを大切にしてください。

……よく話を聞《き》いてあげ、今の悩《なや》み深い境涯《きょうがい》から、信心によって必ず脱出《だっしゅつ》できることを、真心《まごころ》込《こ》めて懇切《こんせつ》に話してあげてください。……学会といっても、広宣流布といっても、一人ひとりの会員が、すべての原点です〉（同）

「大阪の戦い」での池田の行動は、この言葉に尽《つ》きている。〈首尾一貫《しゅびいっかん》、草の根を分《わ》けての信心指導〉（「脈動」の章）に徹した。

砂漠《さばく》から水を出す祈り

なかでも早朝に行われた旧・関西本部での勤行《ごんぎょう》と御書講義は、今も語りぐさとなっている。

「地元の堺《さかい》から関西本部の朝の講義へ。そして堺に戻って勤め先の銀行へ。仕事を終えるとすぐに飛び出して折伏《しゃくぶく》です。とにかく楽しかった」（中山薫）

「阪神電車の始発《しはつ》で通いました」（栗原実）という人もいた。京都から通った遠山ます子は「先生の講義が受けたくて、夜明け前に夫の運転するオート三輪《さんりん》で家を出たことも。少しでも遅れると満員で仏間《ぶつま》に入れなかった」と笑う。

「湿《しめ》った木から火を出し、砂漠《さばく》から水を出すという強い祈りがあれば、どんな悩みも

必ず解決する——先生の言葉に勇気百倍《ゆうきひゃくばい》でした」（逢坂琴枝）

◇

池田の一日の動きについて、『人間革命』第十巻には〈朝の勤行、御書講義を終えると、時間のある限り、各拠点《きよてん》を回《まわ》り激励を続けた。午後から夜にかけて回った座談会場は、日に十カ所を超えたこともあった〉（「険路」の章）とあるが、この数字は控《ひか》えめだ。日によっては二十五カ所を超えた、という証言が残っている。

「当時の座談会では、風呂《ふろ》帰りで風呂桶《おけ》を持ったままの人、台所からエプロンがけのまま来た人、買い物かごを持ったままの人もよく見ました」（小川光子）

二月に行われた阿倍野《あべの》地区の座談会（高井田班）。新来者《しんらいしゃ》が四人来ていた。一時間かけて話しても納得《なっとく》しない。途中で池田が参加した。十分で三人が入会を決意した。

布施公設市場《ふせこうせついちば》の二階での座談会では、参加していた十八人の新来者のうち、十七人が入会を決意。大下吉實が連れてきた友人だけが信心しなかった。がっくりきている大下に池田は、「この方が納得するまで、あとあと、よく話をしてあげてくださいね」と励ました。

「この信心は、他人任《たにんまか》せでは駄目なんだと気づかせていただきました」

こうした例は枚挙《まいきよ》に暇《いとま》がない。

◇

西区の座談会場では二十人前後の友人全員が入会を決めた。その場にいた岡崎暢茂《のぶしげ》は目を丸くし、どうして先生はあんなに折伏《しゃくぶく》できるのか、と関西本部で直接尋《たず》ねた。

池田は一言、

「生命力の差だよ」

と答えている。

相手を思う心の深さ。時間をこじ開け、きょう会った友、会えない友に、はがきを書いた。

〈お手紙拝見《はいけん》。私も長い間、苦悩《くのう》の嵐の生活であり、信心でした。而《しか》し、唯々《ただただ》御本尊《ごほんぞん》様を離れず一日一日の仕事に全力を尽《つく》して来た結果が現在です。しっかり頑張《がんば》りなさい〉(塩井昭朗宛)

〈信心に、お仕事に、お元気にて御活躍の事と存じます。大阪にてハ本当に皆様にお世話になります……。

波浪《はろう》ハ障害《しょうがい》に遭《あ》ふごとに

頑固《がんこ》の度《ど》を増す。

一人起《た》てる時に信《つよ》き者は、

眞《しん》の勇者也《なり》。

この言葉ハ　私の大好《だいすき》な　青年時代の苦悩の人生の　推進《すいしん》の泉でした。雄々《おお》しく進まれん事を〉（小山照子宛）

◇

二月、戸田は池田に、〈我が弟子《でし》が折伏行《しゃくぶくぎょう》で築《きず》きたる／錦州城《きんしゅうじょう》を仰《あお》ぐうれしさ〉という歌を贈っている。

〈戸田は、やがて来るであろう彼の没後《ぼつご》の実証《じっしょう》の一端《いったん》を、今、伸一（＝小説中の池田の名前）の力闘《りきとう》によって知りたかったのである〉（「脈動」の章）

「隣《となり》の人も、久《ひさ》しく会《あ》わないあの親戚《しんせき》も」

四月八日、大阪・堺の二支部連合《にしぶれんごう》総会が行われた。関西初の屋外《おくがい》の会合である。二万人が雨の大阪球場を埋《う》めた。

大阪球場の営業課長を務めた原田常治。「創価学会に会場を貸す」ことが心配で、前日から泊《と》まり込んだ。しかし当日、激しい雨の中、ほうきやちり取りを持参し、トイレまできれいに掃除《そうじ》して帰った学会員たちの姿に感動した。「使用前よりきれいに

“雨の総会”として語り継がれる大阪・堺２支部連合総会。集まった２万人に、池田は不幸の人を勇気をもって救っていこうと呼びかける（1956年４月、大阪市）©Seikyo Shimbun

なった」と球場関係者の間でも評判《ひょうばん》に。それ以降、「学会の会合なら」と喜んで貸すようになった。

◇

この〝雨の総会〟直後の関西の人々の心境《しんきょう》を、池田は第十巻で次のように書いている。

〈〝関西の、不幸な、苦悩《くのう》に沈《しず》んでいる人びとを、片っ端《かたっぱし》から救っていこう。……君もやれ、おれもやる！　大阪中には、まだまだ不幸な人びとが、こんなに充満《じゅうまん》しているではないか。隣《となり》の人も、向かいの人も、久《ひさ》しく会わないあの親戚《しんせき》も、知人も。あの友達は今どうしているか〝不幸な民衆を救済《きゅうさい》するという使命に立ってみると、なすべきことは、あまりにも多かった〉（「跳躍」の章）

年初、「ひと月、五〇〇〇世帯を目指そうよ」という池田の言葉に、大阪の同志は驚《おどろ》いた。どの支部も、そんな結果は出したことがない。

しかし、二カ月後の三月に大阪支部は、学会始まって以来の「一支部、五〇〇〇世帯」を達成した。四月は、その記録を大きく超える九〇〇二世帯に。堺支部は一一一一世帯を達成。

関西に無数《むすう》の信仰体験があふれた。「座談会《ざだんかい》に誰も連れずに〝手ぶら〟で行くなんて、もったいなかったで」と博多洋二は笑う。

〈毎日のように関西本部に通っていた私は、いくつもの不思議《ふしぎ》な光景を見ることができました。杖《つえ》を使ってやっとの思いで階段を上っていた青年が、いつの間にか杖なしで通っている姿……〉（小沢政子の手記）

板坂フジヱは、治らないと言われていた四歳のわが子の脊椎《せきつい》カリエスが完治《かんち》。病院でギプスを外した時、院長から「ひょっとしたら君、今流行《はや》っている創価学会なの？」と尋ねられた。

そうです、と胸を張る。院長は一言、「医学だけではわからんことだ」。

大阪地方区の三十六歳候補

「朝昼晩《あさひるばん》と三食分の弁当を持って、一日中、折伏にまわった」（梅本摂子）

「一日の戦いが済めば、会合がなくても関西本部に集った。どんなに疲れていても池田先生から激励を受けると元気になった」（家根美智子）

のちに関西婦人部長を務めた栗原明子。「信心して五十七年、いろんな素晴らしい思い出がありますが、ダントツで『大阪の戦い』が一番楽しかった。文句《もんく》なしです」と語る。

なぜそんなに楽しかったのか。栗原は同席した林智栄子とともに語った。

「半年もの長期間、池田先生が直接、指揮を執《と》られた戦いは、他《ほか》にないでしょう？　先生と学会員の間に、何の邪魔《じゃま》もない。それが、あんなに楽しかった原因やと思います」

五月。大阪支部は、ついに月間の弘教《ぐきょう》として未《いま》だ誰も達成したことのない一万一一一一世帯を記録する。

◇

この年の七月に行われた第四回参議院選挙。創価学会は、国政《こくせい》選挙で初の支援《しえん》活動を行う。まだ公明党は影《かげ》も形《かたち》もない。

大阪地方区で立ったのは、プロ野球投手として名を馳《は》せた三十六歳の白木義一郎。前年には「保守合同《ほしゅごうどう》」し、「五五年体制」が到来《とうらい》。自民党初代総裁《そうさい》となった鳩山一郎内閣の時代である。

参院選が公示《こうじ》されても、一人を励ます池田の戦いは変わらなかった。

中学時代からラジオづくりが得意だった明田安生。阿倍野《あべの》区の白木事務所でも、遊説車《ゆうぜいしゃ》のアンプを何度か調整《ちょうせい》した。ある日、ばったり出会った池田に「元気だね」と声をかけられ、握手したことを〈私の本当の父のような親しさ、身近《みぢか》さを強く感じる〉と日記に記している。

あまり知られていないが、大阪支部の折伏は、六月も六〇〇〇世帯を超えている。「がんがんやりました。あの時、選挙戦だけをやったと思われていますけど、あくまでも根本は折伏の戦いでした」と栗原明子は振り返る。

投票日の「大勝」

一九五六年（昭和三十一年）七月八日、参院選の投票日。

「午後三時か四時ごろだったと思います」と寺田治史《はるひさ》は語る。肺病《はいびょう》を患《わずら》う父が、母と布施《ふせ》市（当時）の河内永和《かわちえいわ》駅前でパン屋を営《いとな》んでいた。

小学三年生の治史は、御本尊が安置《あんち》してある一階の部屋にいた。すぐ横に階段がある。二階は座談会の会場にもなっていた。

「少し疲《つか》れて、うとうとしていると、勢いよく上がっていく数人の足音が聞こえました。まもなく一階の仏間に、あいさつをして入って来られたのが池田先生でした」

池田は御本尊の前で丁寧《ていねい》に題目《だいもく》を三唱すると、治史に「僕《ぼく》、よく寝ているねえ」と微笑《ほほえ》み、さっと二階へ上がった。そして十分も経《た》たないうちに下《お》りてきた。

「帰りも題目を三唱され、パンをつくっていた兄と職人《しょくにん》に『いつも学会員がお世話になっております』『ありがとうございました』と頭を下げて、颯爽《さっそう》と出て行かれた。学会嫌いだった職人も、『いつも出入りしてる学会員と、全然違《ぜんぜんちが》うやないか。誰やあれは』。母が『あれが、うちらの池田先生や』とうれしそうに答えていた姿が忘《わす》れられません」

寺田家の二階には、

「大勝」

と認《したた》められた書《しょ》が残された。

「まだ投票日当日。しかし『勝った！』という確信を形にされたのでしょう」と寺田治史は語る。

開票の結果、白木義一郎は三位で当選。予想外《よそうがい》の結果に、「朝日新聞」は〈〝まさか〟が実現〉と報じた。

一枚の名刺《めいし》

あれから十六年後。寺田は関西大学二部の学生になっていた。

「堺の大浜体育館で行われた大学会の結成式に、池田先生が出席されました」。一九七二年（昭和四十七年）四月九日のことである。

父の病状は重かった。寺田は学生部の部長として活動するなかで、〝信心を教えてくれた父に恩返しをしたい〟と思うようになっていた。

「『大阪の戦い』の時、父は池田先生の名刺《めいし》をいただきました。しかし、ずいぶん古くなっていました。その時、私は、今思い返すと大変に失礼な話ですが、闘病中《とうびょうちゅう》の父のために『もし可能なら、先生にお願いして新しい名刺と交換《こうかん》していただこう』と考えたのです」

当日。寺田は必死の思いで、池田会長の前に名刺を差し出した。

「『大阪の戦い』でご一緒《いっしょ》させていただいた、パン屋の寺田の息子です」

池田はパッと名刺を受け取り、両《りょう》の掌《てのひら》で包むようにして眺《なが》めた。素早《すばや》く裏返《うらがえ》し、表に戻《もど》しながら池田は、「よく知っているよ」。そして「お父さんは？　体は大丈夫か？」と父の体調《たいちょう》を尋ねた。

◇

寺田は「本当に驚いた」と語る。

「実は大阪には、寺田さんという幹部がたくさんいるんですよ（笑）。だから、先生も父の肺病のことまでは覚えておられないだろうと思っていたんです」

池田は微笑《ほほえ》んで「この名刺、懐《なつ》かしいなあ。たしか一五〇枚ほどしかつくらなかったんだよ。新しい名刺よりも価値があるから、このままお父さんに持って帰って、大切にしてください」。

さらに、隣《となり》にいた最高幹部に、掌に載《の》せたまま名刺を見せ、厳しい表情で語った。

「どうだ。関西には、こういう歴史が残っているんだ。よく見ておきなさい」。

警察《けいさつ》とマスコミの横暴《おうぼう》

単行本『人間革命』第十巻の発刊は一九七八年（昭和五十三年）十一月十八日。池田が第三代会長を辞任する、わずか半年前のことである。聖教新聞紙上で、第十巻「一念」の章の連載が始まったのは前年九月。すでに、日蓮正宗《しょうしゅう》の〝衣《ころも》の権威《けんい》〟を利用し、池田を学会の会長職から引きずり下ろそうとする動きが水面下《すいめんか》で進んでいた。

その時期に綴《つづ》られた「大阪の戦い」――。池田博正は、そこに単なる〝昭和三十一年の記録〟ではなく、〝今を生きる読者へのメッセージ〟が織《お》り込《こ》まれていることを感じとった。

当時、すでに週刊誌を使った学会への中傷が相次《あいつ》いでいた。凶器《きょうき》ともなるマスコミ報道と、どう向き合うのか。「大阪の戦い」に、その原型《げんけい》がすでに示されている。

◇

参議院選挙の動向《どうこう》が報じられるようになった五六年（同三十一年）五月中旬。突然、数人の学会員が逮捕《たいほ》された。容疑は「傷害《しょうがい》」。

しかし、「傷害」の実態は、例えば次のようなものだった。

五カ月も前に、何人かの壮年が、学会の座談会場に乱入《らんにゅう》した。酔《よ》っぱらいもおり、戸田会長の悪口をわめき、障子《しょうじ》を破《やぶ》るなど暴《あば》れ回った。そして出て行く時、〝自分で転《ころ》んで〟頭にこぶをつくった。要するに、学会側が一方的な被害者である。それが新聞報道だと、〈指導方針に不満の意見を述べたのに怒り、ける、殴《なぐ》るなどの暴行を加え〉（朝日新聞）云々《うんぬん》と、まったく正反対の記事になった。

◇

さらに警察は一年以上も昔の、解決済《かいけつず》みの出来事まで蒸《む》し返した。なぜか、それらすべてが、この時期に一斉に〝事件〟にされたのである。

理不尽《りふじん》な実態《じったい》は、『人間革命』第十巻でも詳述《しょうじゅつ》されている。

〈部屋を出た途端《とたん》、手回《てまわ》しよく狙《ねら》っていた新聞社のカメラマンが二人、シャッターを切った。

南署に着くと、玄関前に、やはり数人のカメラマンが構えていて、パチパチと撮《と》った。まるで重大事件の犯人である〉（「険路」の章）

警察と新聞社の連係《れんけい》プレー。しかも、逮捕当日の朝刊で、すでに「事件」が報道されていたのである。この前後の時期は「ラジオのニュースも、しょっちゅう学会の中傷を流していました」（土佐綾子）等の証言もある。

「火のない所に煙《けむり》は立たぬ」という言葉は、真実ではない。一部のマスコミは「火のない所にも煙を立てる」。彼らの無知《むち》や悪意《あくい》の〝暴力〟を、学会員は厳しく糺《ただ》してきた。その原点は、この「大阪の戦い」にある。

◇

事件が報道された翌日。池田は各所で行われた座談会の報告を受けた。ある幹部が学会員の様子について、〝事件についての質問は無《な》かったが、内心かなり怯《おび》えている節《ふし》もあるように見受けられました〟と報告した瞬間、池田は「怯えているのは君ではないか！」と一喝《いっかつ》。その場に漂《ただよ》っていた〝臆病《おくびょう》の空気〟そのものを吹《ふ》き飛ばした。

と同時に、〈なにの兵法《へいほう》よりも法華経《ほけきょう》の兵法をもちひ給《たま》うべし〉（御書一一九二ジペー）との日蓮の教えを通して、どんな事態にも信心根本に行動していくことを訴えた。

逮捕の十日後までには、全員が無事に釈放《しゃくほう》。そして、この逆風《ぎゃくふう》の中、大阪支部は「一万一一一一世帯」の弘教《ぐきょう》を成し遂げたのである。〝法華経の兵法〟の勝利だった。

一人を忘れない

苦労をともにしてきた同志を忘れない。恩に報《むく》いる——池田はこの姿勢を、〝大阪時代〟以降も貫《つらぬ》いている。

◇

「大阪の戦い」の翌年四月、参議院《さんぎいん》の補欠選挙《ほけつせんきよ》で、学会の推薦候補《すいせんこうほ》が敗《やぶ》れた。検察にとっては格好《かっこう》の〝チャンス〟が到来した。学会の実質的《じっしつてき》中心者である池田に狙《ねら》いが定《さだ》められた。

一九五七年（昭和三十二年）七月三日、公職選挙法違反《こうしょくせんきょほういはん》の容疑で、池田が大阪府警《ふけい》に任意出頭《にんいしゅっとう》。いわゆる「大阪事件」の勃発《ぼっぱつ》である。再び新聞が書き立てた。事実無根《じじつむこん》の不当逮捕《ふとうたいほ》だった。

四年半後には無罪判決が出る冤罪《えんざい》事件である。しかし当時、検事は「罪《つみ》を認《みと》めなければ、会長の戸田を逮捕する」と池田を脅《おど》した。

早朝から深夜まで続く取り調べ。関西の同志の心は切《き》り裂《さ》かれた。

◇

東京からの派遣《はけん》幹部だった多田時子。「勾留中《こうりゅうちゅう》の池田先生はお元気なのか」と心配でならなかった。拘置所《こうちしょ》にはもちろん入れない。しかし、取り調べが行われる大阪地検《ちけん》の建物《たてもの》には記者クラブ等も置かれており、民間人《みんかんじん》もある程度《ていど》、出入りできる。安否《あんぴ》を確かめ、皆に知らせなければ――多田はハンカチで汗《あせ》を拭《ふ》きながら、池田の姿を捜して歩いた。

大阪地検の二階。中庭を挟んだ、向かいの部屋。検事らしき男の背中越しに、池田の顔が見えた。思わず多田は、その場でハンカチを振《ふ》った。とっさの判断《はんだん》だった。

「あのいまわしい事件での私の行動などは、今《いま》振り返《かえ》ってみれば、まったく池田先生の足手《あしで》まといに過《す》ぎなかったに違いありません。

ただ一刻《いっこく》も早く無実《むじつ》の先生を返してほしい。それまではここから一歩も退《ひ》かないぞ、との決意だけは必死でした」と、多田は述懐《じゅつかい》している。

わずか数秒《すうびょう》の間に送った、懸命《けんめい》のエール。池田の顔が、上下に揺《ゆ》れたように見えた。

「先生は気づいてくださった、と思ったのですが……」

二週間の勾留を解《と》かれた池田。七月十七日に釈放される。

しかし池田は、多田を見つけても、あのハンカチの話など一言も口《くち》にしなかった。

「やはり気づかれなかったのかもしれない」。わざわざ確認するつもりもなかった。

八カ月半後、戸田城聖が亡《な》くなる。マスコミは「学会は空中分解《くうちゅうぶんかい》する」と騒《さわ》いだ。

多田は創価学会の女子部長として東奔西走《とうほんせいそう》。大阪地検での一瞬の思い出は、激動の日々の中に埋《う》もれていった。

◇

「大阪事件」から十一年後の一九六八年（昭和四十三年）夏、多田時子は創価学会の婦人部長に就任した（七月二十八日）。生活に根ざした苦労をかかえる女性たちを励ましていく要職《ようしょく》である。

就任前、普段《ふだん》は快活《かいかつ》な多田も、全国の幾百万の婦人部をリードしなければならない重責《じゅうせき》に、心を砕《くだ》く日々が続いた。

七月三日の夜。多田は自宅で唱題《しょうだい》を重ねていた。電話が鳴った。池田会長から書《しょ》籍《せき》をいただいた、との知らせである。

自宅まで本を届けてくれた人に礼を言い、玄関《げんかん》の先まで見送った。そのまま街灯《がいとう》の下で、多田は本の表紙を開いた。「あっ！」と全身に電流《でんりゅう》が走った。本の見返しには、右肩上がりの池田の字で、こう綴《つづ》られていた。

今日は　僕の入獄記念日《にゅうごくきねんび》だ。
あの時、大阪地検の二階で
見守ってくれた姿は　生涯《しょうがい》
忘れぬであろう。
共に学会っ子だ。

誇り高く生きよう。

七月三日

はるか十一年の歳月《さいげつ》を飛び越えて、〝あの時〟が思い出される。立ちつくす多田の頬《ほお》を涙がつたった。冤罪をなすりつけようとする強引な取り調べ。そのなかで池田は、多田が送った〝とっさのエール〟に気づいていた。そして、多田自身の人生に訪れた転機《てんき》の一瞬《いっしゅん》を逃《のが》さず、「あなたの恩は忘れない」と、エールを返したのである。

「私たちのために書かれた一冊です」

一人を忘れない。

一九七三年（昭和四十八年）四月十七日夜。池田を乗せた車は、大阪・四條畷にある小楠公《しょうなんこう》（楠木正行《くすのきまさつら》）の墓所《ぼしょ》に向かっていた。

楠木正行は、名将・楠木正成《まさしげ》の息子。「大楠公《だいなんこう》」として知られる父・正成に因《ちな》み、「小楠公」と呼ばれる。南北朝《なんぼくちょう》時代、劣勢《れっせい》の南朝を支えに支え、ついに力尽《ちからつ》きた正成。息子・正行もまた志半《こころざしなか》ばで没《ぼっ》した。この父子《ふし》の物語を、初代会長の牧口常三郎《つねさぶろう》も、第二代会長の戸田城聖も愛した。戸田は正成・正行の別れを描いた「大楠公」(「青葉茂れる桜井の」)の歌を、よく弟子たちに歌わせた。

◇

車中、池田は「確か、この辺に岡嶋さんが住んでいたはずなんだが……」と尋ねた。岡嶋昭夫。「大阪の戦い」で、池田とともに苦労に苦労を重ねた一人である。

「私が初めて四條畷に来た時、道案内《みちあんない》をしてくれたのも岡嶋さんなんだよ。是非《ぜひ》とも会ってお礼を言いたい」

岡嶋宅の電話が鳴った時、ちょうど岡嶋本人は学会員宅を訪問中だった。自宅に居《い》合《あ》わせた母のトメ、妻の容子、娘の圭子が池田のもとに向かった。『夜、自宅にうかがうのは失礼なので、小楠公の楠《くすのき》の前でお待ちします』との電話でした」(娘の牧野圭子)。

小楠公の墓所。石畳《いしだたみ》を歩く池田。

「先生は『樹齢《じゅれい》五五〇年か……すごいね』と、墓所を覆《おお》わんばかりの巨大な楠《くすのき》を見上げながら、岡嶋さん一家を待っておられました」(松岡資、聖教新聞編集主幹)

最初に母のトメが、夢中《むちゅう》で駆《か》け込《こ》んできた。下駄《げた》が片方《かたほう》、脱《ぬ》げたままである。「池田先生、センセ……」——池田が抱《だ》きとめた。「お母さん、よく来たね! お元気でしたか」。泣きじゃくる七十五歳のトメの背中を何度もさすった。

妻の容子には「四條畷の皆さんは、お元気ですか?」と尋ねた。

中学三年になったばかりの圭子には「創価学園には遊びに行った?」。ちょうど創価女子学園(現・関西創価学園)が開校したばかりだった。まだです、と答えた圭子に、「学園にいらっしゃい。勉強するんだよ」。

◇

楠の下。ほのかな月明《つきあ》かりだけが石畳を照らしている。

「岡嶋さんに、くれぐれも皆さん方からよろしくお伝えください。ご主人とは、常勝関西の歴史を築くために、ひるむことを知らずに戦った仲《なか》なのです」

強まる池田の語気。「そういう人を、どうして守らないでいられますか! 安心してください。生涯にわたって守り抜きますからね」。

かつて池田は四條畷の地で、墨痕鮮《ぼっこんあざ》やかに「不撓《ふとう》」と記した(一九五七年=昭和三十二年四月十六日)。岡嶋昭夫が池田の道案内をした、その日のことである。

圭子は猛勉強《もうべんきょう》し、翌年、創価女子学園に二期生として入学した。現在、四條畷で婦人部副本部長としても活躍している。八十歳の岡嶋昭夫。笑顔で語る。「『人間革命』第十巻は、私たち大阪のために書かれた一冊です」。

「八月十四日」に刻《きざ》まれた歴史

「大阪事件」の嵐《あらし》が吹《ふ》き荒《あ》れた翌月——一九五七年（昭和三十二年）八月。池田は、戸田城聖が静養《せいよう》している長野の軽井沢に向かった。面会《めんかい》した八月十四日は不思議にも、戸田との出会いから十年目の記念日だった。また、池田の初の関西指導（一九五二年八月十四日）から、ちょうど五年の節目でもあった。

壮大《そうだい》な奇観《きかん》で知られる「鬼押出《おにおしだ》し」を歩く戸田。脇《わき》を支える池田……。〈戸田の足《あし》取《ど》りは弱《よわ》く、どことなく、おぼつかなかった。あの昔日《せきじつ》の堂々《どうどう》とした彼の闊歩《かっぽ》を見ることは、既《すで》にできなかった〉（『人間革命』第十二巻「涼風」の章）。

師の足跡《そくせき》を、残さなくては——池田は、のちに綴《つづ》っている。〈それまでも、幾度《いくたび》か胸に去来《きょらい》した小説『人間革命』の執筆の思いは、ここで定《さだ》まった〉。「大阪の戦い」に端《たん》を発《はっ》する熾烈《しれつ》な闘争を経て、池田は『人間革命』執筆の強い決意を固めたのである。

◇

後年《こうねん》、聖教新聞・関西支社の記者たちは、池田に「大阪の戦い」当時の健康状態に

第２代会長・戸田のもとには、常に池田の姿が。体育大会で奮戦する青年を二人で見つめる（1957年８月、北海道・札幌市）©Seikyo Shimbun

ついて取材した。

池田は率直に、「どうしても関西だけは一歩進ませておきたいという一念《いちねん》が、肉体《にくたい》を引きずり回した、というのが事実でしょう」と答えている。

少年時代から肺病《はいびょう》で苦しみ、三十歳まで生きられないと言われていた池田。「大阪の戦い」「大阪事件」とともに、〝三十歳の壁《かべ》〟を乗り越える。五八年（同三十三年）四月、その愛弟子《まなでし》の姿を見届けるように戸田が逝去《せいきょ》。それは、池田自身が命を削《けず》る新しい日々の始まりだった。

第二章

大阪事件前夜

「夜明けが来たんだ」

一九五七年（昭和三十二年）七月三日。文京支部の田中都伎子《つぎこ》は横須賀《よこすか》で座談会を担当していた。在京《ざいきょう》の幹部は羽田空港に集まるように、という緊急の連絡が入った。戸田城聖《じょうせい》（創価学会第二代会長）も羽田空港に行くという。都伎子は、これが異様《いよう》な事態であることに気づいた。戸田自身が地方指導に出発する時、羽田空港に見送りに行くことは多い。しかし戸田に地方指導の予定はなかった。戸田は、北海道から羽田経由でそのまま大阪へ飛ぶ池田大作を出迎え、見送るために、羽田空港へ赴《おもむ》いたのだった。

戸田は池田に「もしもお前が死ぬようなことになったら、私もすぐに駆《か》け付《つ》けて、お前の上にうつぶして一緒に死ぬからな」と言った。都伎子が羽田空港に着いたのは、そのやりとりの後である。「池田先生は別室で奥様と二人で話されていました」（田中都伎子の証言)。

やがて時間になり、池田が搭乗口《とうじようぐち》に向かう時だった。これからいったいどうなってしまうのか、たまらなくなって都伎子は「池田先生、文京支部の皆に伝えることはないでしょうか」と尋ねた。池田は、

「夜明けが来たんだ」

と伝言を託《たく》した。

これから出頭《しゆつとう》されるというのに、なぜ夜明けなのだろうか。茫然《ぼうぜん》と見送る都伎子は、それ以上声をかけられなかった。

これまでに経験したことのない状況の中で池田は、仏法の眼《まなこ》でこの冤罪《えんざい》を見よ、「学会の夜明け」ととらえていけ、と励ましたのである。

この日、文京支部長の田中正一をはじめ何人かの幹部が夜行列車で大阪に向かった。大阪の天王寺《てんのうじ》区に立つ関西本部。東京以上の驚きと、不安と、怒《いか》りにあふれ返っていた。

〈大阪府警捜査二課では三日夜……創価学会渉外《しようがい》部長池田大作(二九)を公職選挙法違反の疑いで逮捕した〉(一九五七年七月四日付「朝日新聞」夕刊)

「大阪事件」の勃発《ぼつぱつ》である。

大阪府警なんかに行かないでほしい、と矢追久子は池田に泣きながら頼んだ。「行けば帰れんようになるに決まってます」。

七月三日――大阪の伊丹《いたみ》空港に着いた池田は、男子部の馬場武夫（尼崎市、副圏長）が運転する車に乗った。行き先は任意出頭《にんいしゅっとう》を求められた大阪府警である。

矢追は、初代関西婦人部長である白木文《ふみ》とともに〝関西のお母さん〟として親しまれた。その矢追が無理な願いとわかりつつも懸命に語りかけたのは、池田が弁護士たちとの打ち合わせのために立ち寄った新大阪ホテルでのことだった。

「私の胸は張《は》り裂《さ》けるようでした」

「あの矢追のお母さんの声は、忘れようにも忘れられません」。つらい記憶を振り返りながら、八十三歳の馬場は語った。「捕まえる側にとって理屈は何でもよかった。要するに学会を叩《たた》き潰《つぶ》そうとしていた。特に『大阪事件』の時は、そうした空気をヒリヒリと感じました」。

一九五七年（昭和三十二年）四月の参議院大阪地方区の補欠選挙で、支援活動をし

大阪駅で会員と懇談する池田（1956年）©Seikyo Shimbun

た一部の学会員に選挙違反者が出た。池田にとって、まったく寝耳《ねみみ》に水の話だったが、大阪府警は支援の責任者だった池田に狙《ねら》いを定《さだ》めていた。

池田は「私は何も悪いことはしていないじゃないか。堂々と出頭するよ」と矢追たちに言い聞かせ、部屋を後にした。

矢追久子はこう綴《つづ》っている。

〈「先生は無実や！　何も悪いことしてへん！」――。私の胸は張《は》り裂《さ》けるようでした。走り去る車を追いかけて私も必死に走りましたが、車はすぐに消えてしまいました。

蒸《む》し暑い夏の夜、どこでどのように休まれるのかと、居《い》ても立ってもいられず、御本尊《ごほんぞん》の前にひれ伏《ふ》し、題目を唱え続け

ました〉

大阪府警は当時、大阪城公園にあった。太平洋戦争中、中部軍管区《かんく》司令部が使っていた建物である。敗戦後は占領軍《せんりようぐん》の駐留《ちゆうりゆう》部隊が入っていた。

大阪支部の中心者である白木義一郎は、夕張大会を終えた池田に北海道から同行していた。この日の夜も池田に付き添った。池田が公職選挙法《こうしよくせんきよほう》違反《いはん》の容疑者《ようぎしや》として逮捕され、取調室に入る姿を見送った。

白木の長女である山下以知子（関西婦人部長）は、この時八歳だった。「あの日の出来事《できごと》は父も母（白木文）も、ほとんど語ることなく生涯を終えました。ただただ悔《くや》しく、無念だったのだと思います。とくに母は池田先生が入獄された『七・三』について『口にするのも、目にするのも嫌《いや》だ』とまで憤《いきどお》っていました」。

関西本部の管理者だった福生《ふくお》伊八。〈七月三日以後は、まるっきり（関西本部の）雰囲気が変わってしまいました〉と書き残している。関西本部には、池田の逮捕がマスコミで報道された直後から「差し入れはできますか」「面会はできますか」と電話が殺到《さつとう》した。

〈三階の大御本尊の前には、先生の無事を祈って唱題する同志で昼も夜もあふれ、会場整理をするのにひと苦労だったことを、いまだに忘れることができません〉（福生伊八の手記)。自営業の壮年部員たちも「あかん、仕事が手につかへんわ」などと言いながら、関西本部の仏間へ入っていったという。

〈私は何もできないもどかしさに、歯ぎしりする思いでしたが、せめて食事だけでもと、毎日拘置所《こうちしょ》に差し入れを届けました〉(矢追久子の手記)

当時を知る関西の学会員たちが「最もつらい二週間だった」と口々に語る、池田の獄中闘争《ごくちゅうとうそう》が始まった。

◇

「夕張炭労《たんろう》事件」(単行本『民衆こそ王者』第五巻で詳述)から「大阪事件」へ。一連の流れの中で、池田はある仏法説話《せつわ》を繰り返し語っている。

ちょうど夕張男子部が炭鉱《たんこう》労働組合(炭労)にデモをかけた六月六日、創価学会の男子部隊総会がスタートしていた。都内のある会合で池田が触れたのは、雄弁《ゆうべん》で「説法第一」の仏弟子《ぶつでし》、富楼那《ふるな》のエピソードだった(『法華経の智慧』普及版〔上〕四〇五ページ)。

富楼那は自分の祖国に帰って法を弘めようと決意し、師である釈尊《しゃくそん》に伝える。

釈尊は弟子にこう問いかけた。

「富楼那よ、かの国の人々は、気が荒く、ものの道理がわからず、人の悪口ばかり言うそうだ。彼らは君を嘲《あざけ》ったり、罵《ののし》るだろう。その時は、どうするつもりか」

富楼那は答えた。「そうしたら、こう思います。『この国の人々は、いい人たちだ。私を手で殴《なぐ》ったりしないのだから』と」。

「それでは彼らが、君を殴ったら、どうする？」

「こう思います。『この国の人々は、いい人たちだ。私を棒《ぼう》で叩《たた》いたりしない』と」

「棒で叩かれたら、どうするのか」

「『私を鞭《むち》で打ったりしないから、いい人たちだ』と思いましょう」

「鞭で打たれたら」「『刀で傷つけられないからよい』と」

「刀で傷つけられたら」「『殺されないから、よい人たちだ』と」

「それでは富楼那よ、かの国の人々に殺されたら、君はどうするのか」

富楼那は答えた。

「自ら死を求める人間すらいます。私は求めずして、仏法のために、この貧《まず》しく、汚い身を捨てることができるのですから、大いに喜びます」

弟子は、殉教《じゅんきょう》こそ喜びである、と心を定めていたのである。釈尊は安心して答えた。

「善《よ》きかな、富楼那よ、その決意があれば大丈夫であろう。行ってきなさい」――。

この富楼那の話を池田は、「大阪事件」の発端《ほったん》となった参院補選の最中、大阪の同志にも語った。

迫害に怯《ひる》むな。非暴力の対話で立ち向かえ——こうした信仰者としての根本的な姿勢を、戸田城聖から、そして池田大作から、渇《かわ》いた土が水を吸い込むように吸収していった地域の一つが関西だった。日本国内にとどまらず、海外のＳＧＩ（創価学会インタナショナル）メンバーにも知られ、尊敬を込めて「常勝関西」と呼ばれている。

その淵源《えんげん》に迫りたい。

「人生大学」の教授に

「あの日、夫は『先生をあんなにして、許さへん』『絶対に先生は無実や』とかんかんになって怒っていました」。松山末子（大阪市、婦人部副本部長）は、池田が逮捕された直後の夫の様子を振り返った。

夫の松山輝夫はその三年前に信心を始めていた。経営していた鉄工所が倒産の危機に直面し、自身は結核《けっかく》で苦しんだ。大阪で聞いた戸田城聖の御書《ごしょ》（日蓮《にちれん》の遺文集《いぶんしゅう》）講義《こうぎ》が、人生の転機になった。

一九五五年（昭和三十年）の冬、静岡・富士宮市の大石寺に登山し、大阪支部の仲間と宿坊《しゅくぼう》に泊まった。「ずいぶん古い建物で、すきま風が吹き込んでなかなか眠れなかったそうです」（松山末子）。

夜中の二時を過ぎたころ、動く人影に気づいた。その人は、宿泊者のずれた布団をかけ直していた。松山の寝ているあたりにも回ってきた。寝たまま「えらいご苦労さんです、すんまへんなあ」と小声で礼を言うと、風邪《かぜ》をひかないようにと気遣《きづか》ってくれた。薄目《うすめ》を開けて姿を追った。その人は、部屋の外の不寝番《ふしんばん》まで激励していた。

翌日も、早朝からその男性が宿坊にやって来た。松山が親しい班長に「あの人、誰やねん」と尋《たず》ねると、「池田はんや」という。昨夜の様子を思い返し、思わず班長に言った。「あの人は早よ死ぬか、大物になるか、どっちかや。あんなことしとったら、体もたんでぇ」。松山にとって「夜中に布団をかけ直してくれた人」の温《あたた》かな印象は、生涯消えなかった。

◇

〈私の兄は、体が不自由だった。そのため、私は中学のころから、兄のこと、自分の人生について深く悩んでいた。それがきっかけで、妙法《みょうほう》の道へ進むことができた〉

――男子部だった横田憲治郎（大阪・和泉市、副圏長）は、その兄を背負って関西本部を訪れた。五七年（同三十二年）三月のことである。戸田城聖とともに勤行《ごんぎょう》した後、悩みをぶつけた。戸田は「永遠の生命観から、二人分の折伏《しゃくぶく》をしっかりとやりきっていきなさい」と励ました。

〈その際、戸田会長のすぐ横にいる方から「しっかり、頑張りなさい」と万感をこめた激励を受けた。心の奥にまで響《ひび》く、温かな言葉に涙が出るほど感動した。

再び兄を背負って立ち上がり、階段を降りかけた時、兄が少し軽くなるのを感じた。何と、その青年が兄を背負う私を見かねて、手を貸してくれていたのだ。一緒におぶって一階まで降りてくださった。

その親切な青年が池田青年室長と分かったのは、かなりたってからだった〉（横田憲治郎の手記）

横田にとって池田は「共に兄を背負ってくれた人」として胸に刻まれた。

◇

池田の逮捕を報じる新聞記事を読み、池尻恭一《きよかず》は〈思わず大声をあげるほど驚いた〉と書き残している。それまで直接、池田と言葉を交《か》わしたことはなかった。しかし前年、堺市で行われた教学試験で、試験官だった池田の言葉が心に残っていた。それは「皆さん方はたとえ大学出身でなくても、今は仏法の何たるかがわからなくても、この信心をまじめに十年、二十年と続けていけば、必ず大学教授も及《およ》ばない『人生大学』の教授として皆から尊敬されるようになります」という言葉だった。

池尻はその数年前、長年病気だった父を亡くしていた。長男として家族七人の柱になった。出勤前の一時間余りと日曜日は畑仕事をし、会社を終えたら夕方の六時から百人ほどの子どもを相手にそろばん教室で教えた。座談会に駆けつけるのは夜の九時。皆が帰った後だったことも度々《たびたび》である。

そうした中の、池田との出会いだった。〈……少年期の夢であった教師の道を断《た》たれていただけに〝人生大学〟の四文字は、ひときわ印象に残った……先生の言々《げんげん》句々《くく》は、生活に疲れていた私の命に限りない希望の光として広がった〉（池尻恭一の手記）。その「光」を届けてくれた恩人が、獄《ごく》につながれたという。にわかには信じられなかった。

◇

関西の学会員は、直接の対話とともに、御書講義を通して池田の存在を知っていった。

「池田先生は〈湿《しめ》れる木より火を出《いだ》し乾《かわ》ける土より水を儲《もう》けんが如《ごと》く〉（御書一一三二ジ）などの有名な御文の講義はもちろんですが、難しい『当体義抄《とうたいぎしょう》』や『総勘文抄《そうかんもんしょう》』などを通して〝仏法の生命論〟をがっちり講義されました」と栗原明子（関西婦

東京の印刷所で「御書」（日蓮の遺文集）の校正作業に励む池田（右、1954年3月）©Seikyo Shimbun

人部総主事）は語る。「当時の関西には信心歴の浅い人しかいません。折伏も、選挙の支援も、根本の精神はすべて御書から教えていただきました」。

〈教学の徹底的究明《きゆうめい》ほど、最大事はなし〉（一九五五年十二月十九日）――池田が日記にこう書いたのは、「当体義抄」を学んだ日のことである。その二週間後。〈五時より、関西本部にて、「当体義抄」の講義。つづいて、男女班長の指導会。関西本部常住の大御本尊に、祈る。種々《しゆじゆ》〉（五六年一月四日の日記）。

池田の講義に参加した京都の入澤久枝が、当日の手記を残している。〈厳寒のその日、私は国鉄鶴橋駅の改札をくぐり抜け、コートの襟《えり》を立てて関西本部へと向かっていた〉。このとき池田は二十八歳だが、〈とても二十代には見えなかった〉という。〈難解な御文が、いとも簡単に、さらさらと解《かい》されるのです。私はもう喜びでいっぱいだった〉。

〈夫と死別し、三人の幼子《おさなご》を抱えて格闘していた心に、幸の灯《ひ》が確としてともった……〝こんな世界があったのか！〟。まさに暗夜《あんや》に一筋の閃光《せんこう》を見た思いであった〉。

講義の場では質問が次々と飛び出したが、次の会合の時間が迫り、途中で打ち切らざるを得なかった。

この日、池田が灯《とも》し始めた光は、関西の学会員を社会変革の使命に目覚めさせ、半年後の「〝まさか〟が実現」に結実する。白木義一郎が立候補した「大阪の戦い」は、それまでの常識では絶対に勝てないと思われていた。

講義の四日後の日記にはこうある。〈午前中、在宅。背痛《せいた》み、微熱《びねつ》あり。三十七度六分との事。三百六十五日、胸と背の痛み消えず。健康になりたい。これのみが全人生だ〉（同一月八日）

さらに二日後。〈心身ともに苦し。自己の生命に対しては、自分が最も名医であるかも知れぬ〉（同一月十日）。「大阪の戦い」を控《ひか》えて、なによりもまず「自分との闘い」が続いていた。

「この御書がなかったら今の自分はあらへん」

関西の学会員に対して「教学がどれほど大切か」を誰よりも深く打ち込んだのは、池田の師、戸田城聖だった。月一回、中之島の中央公会堂で法華経の講義を続け、質問会も行った。池田の日記にはその喜びが綴られている。〈六時半より、中之島公会堂にて、先生、第一回の「（法華経）方便品《ほうべんぼん》」の講義あり。参加受講者、何と七千名。真剣な眼差し。関西は益々《ますます》進展してゆくであろう。東京をしのいで〉（一九五六年一月十六日)。

〈「この中で御書を持っていない人」と聞かれ、大半の人達が大きな声で「ハーイ」と手を上げました。戸田先生はそれを見て、かんで含めるような語調で次のように話されたのです。

「御書は女性が鏡を片時《かたとき》も離さないように、また武士が刀をいつも腰にさしているように、(日蓮)大聖人《だいしょうにん》の仏法を信仰する者が御書を持たないようでは、大聖人の弟子とはいえない。

この次からは、私のポケットマネーで御書をプリントにして、皆さんに入り口で差し上げましょう。私は、大阪から貧乏人と病人をなくすために来たのです」〉(松本綾子の手記)

御書は一九五二年(昭和二十七年)に発刊されたが、まだ広く普及《ふきゅう》していなかった。公会堂の戸田の講義で〈初めて御書の大事さを知った〉という松本は、毎日食費から五円ずつ節約《せつやく》し、数カ月かけて御書を買い求めた。

「尋常《じんじょう》小学校しか出ていない私には、御書の勉強が、気が遠くなりそうに思えた」という堺市の岡村イチ子(支部副婦人部長)。五四年(同二十九年)に池田の御書講義に出席した。「先生の講義は、わかりやすく、しかも、ジーンとハラに染み入るようであった……家に帰ってもその感動は冷《さ》めやらず、家族に話さずにはおれなかった」。先輩に教わっては御書にふりがなを書き込み、何度も読み、次の講義を楽しみに待った。会合の帰りには、家で待つ子どものために今宮駅で二十円の焼き芋《いも》を買い、冷めないように胸に抱いて列車を待った。「貧しくても胸の中は楽しさでいっぱいでした」と語る。

◇

「この御書がなかったら今の自分はあらへん」。池田とともに仏法を学んだ関西の人々から、多く聞く言葉である。奈良の菊澤孝子は、うだるような夏の日に聞いた「総勘文抄」講義の様子を書き残している。

〈(関西本部は)当時はクーラーもない暑い会場で、(池田先生は)シャツの両腕をまくりあげて、烈々《れつれつ》たる迫力……かんでふくめるように講義なさるお姿にすっかり魅《み》了《りょう》。私の生命も躍動。朝の九時半から四時まで一八頁にわたる講義でしたが、あっという間に過ぎました〉

重度のネフローゼ症候群(腎臓疾患《じんぞうしっかん》)で一年弱入院した時には、唱題に励み、御書を全編読んで自らを励まし、闘病生活を乗り越えた。

京都の梅景うめか。下京《しもぎょう》支部の婦人部長などを歴任《れきにん》した。冬のある日、〈右手に御書の風呂敷《ふろしき》包みをしっかりかかえ、左手はずり落ちそうな背中の赤ん坊を押し上げながら〉、長女を連れて池田の講義に駆けつけた（梅景うめかの手記）。妻として、母として、七人家族の苦しい家計をやりくりしながら学会活動に挑戦していた。〈私はどうしてもこの厚い壁を破《やぶ》らねばとの思いで御書講義にのぞみました〉。参加者は会場の外にあふれた。〈全身を耳にして……人と人の間で夜空を仰《あお》いで〉池田の講義を聴《き》いた。

集まった人々はそれぞれに「どうしてもこの厚い壁を破らねば」という切実な願いを抱《かか》えていた。いっぽう「教学」と聞くと、ついつい難しいからと敬遠《けいえん》しがちだった。この二つが、池田の御書講義を通してまっすぐ結びついた。ここに関西の強さの鍵《かぎ》があった。

池田の日記には、自らを叱咤《しった》する文言が刻《きざ》まれている。〈来年度の任用《にんよう》試験を中心に、私も真剣に勉強しよう。教学力なき指導者は、必ず将来、苦しみ、退歩《たいほ》してしまうであろう。勉強は人のための見栄《みえ》でなく、汝《なんじ》自身のためである〉（一九五六年十二月一日）。翌年二月には〈教学力の、足《た》らざるを、反省する昨今。不断《ふだん》の努力の、必要あり。これからの指導者の、第一義の問題たり。この一年――読書の年でありたい〉（二月十三日）とも記した。

〈読書の年でありたい〉と願った五七年（同三十二年）、池田を「大阪事件」が襲《おそ》った。この冤罪《えんざい》事件の全容に迫る前に、〝序章《じょしょう》〟ともいうべき、見逃せない幾《いく》つかの出来事に触れておきたい。

「阿闍梨《あじゃり》様と呼べ」

その一つは〈悪人は、どこまでも、図太《ずぶと》く、卑怯《ひきょう》であり、悪智慧《わるぢえ》があるものだ〉（一九五五年二月二十一日の日記）と池田を憤《いきどお》らせた事件である。

大阪市北区の蓮華《れんげ》寺に、崎尾正道という住職がいた。日蓮正宗の宗務総監《しゅうむそうかん》だった。太平洋戦争中、軍部政府に迎合《げいごう》し、創価教育学会（創価学会の前身）の切り捨てを進めた。

戦後、崎尾は蓮華寺の信徒に対して、自分を「住職」ではなく「阿闍梨《あじゃり》様と呼べ」と強要《きょうよう》した。「阿闍梨」は〝徳の高い僧〟という意味である。

学会員が寺に来て唱題すると文句《もんく》を言い、「学会員が折伏《しゃくぶく》するから信者が増えて困る」「学会員は肺病とか病人を授戒《じゅかい》（御本尊を授与する儀式）に連れてきて困る。そんな人に授戒しても仕方ない」など、差別意識むき出しの発言を続けた。学会の会合に招《まね》かれても一度も出席しなかった。

「草創期の関西は、彼に散々《さんざん》、邪魔《じやま》されました」と栗原明子が振り返る。「学会員がどんどん弘教《ぐきよう》を進めて、住職として忙しくなるのを嫌《きら》ったのです。住職の妻からも『阿闍梨様の言うとおりにしなさいよ』とか、『学会員の服装が汚《きたな》い。由緒《ゆいしよ》ある寺の格式が下がる』などの暴言を浴《あ》びせられました」。

池田が第三代会長辞任に至った「第一次宗門事件」や、創価学会に破門通告書が送りつけられた「第二次宗門事件」が起こる以前、関西の学会員はすでに、腐《くさ》った聖《せい》職《しよくしや》者を見ていたのである。

◇

このまま放置《ほうち》すると関西の布教《ふきよう》が遅れてしまうと判断した戸田城聖は、関西の第八布教区の僧たちと話し合いの場を持った。崎尾だけが欠席した。その場で戸田は、蓮華寺の代《か》わりになる新寺院を建てることを告げた(一九五五年一月二十四日)。

その三日後、大阪支部幹事だった大井満利は、崎尾から一通の書簡を受け取った。大阪支部長の白木義一郎宛てである。

主《おも》に三つのことが書かれていた。信じがたい内容だった。

一、今後、学会員の紹介による御本尊の授与、法事は一切しない。

一、学会員は全員、信徒名簿から削除《さくじょ》する。
一、これまで授与した御本尊をすべて返せ。
すべて本山に相談せず、崎尾が独断で決めたものである。特に三番目がひどかった。一九五二年（昭和二十七年）に白木義一郎が関西に来てから、蓮華寺で授与した御本尊の数は、じつに三〇〇〇を超えていた。

関西創価学会が、組織として初めて直面した難題だった。「蓮華寺事件」と呼ばれる。戸田はこの事件を、青年部を鍛《きた》える機会にした。

〈六時、臨時幹部会……R寺問題に付き、集合〉（一九五五年二月四日の池田の日記）。北海道から九州まで、青年部が手分けして宗門の七十七カ寺を訪問。蓮華寺に対する意見を聴いた。池田は戸田に随行《ずいこう》して仙台に向かっている。〈疲労重《かさ》なる。疲れたるこの姿〉（同）、〈（仙台駅で）多数の人々が、出迎えに来ていた。非常に寒し。胸が痛み困る〉（同二月五日）。

崎尾は事情に疎《うと》い学会員に〈学会を離れて寺につけば、特別な御本尊を下付《かふ》する〉と迫り、学会の切《き》り崩《くず》しを図った。つまり、御本尊まで攻撃の道具にしたのである。デマを書いたビラも配り始めた。

「僧俗和合《そうぞくわごう》」という大義の下《もと》、一住職の暴走にどう対処《たいしょ》するか。戸田は青年部の中でも、ことに池田を渉外戦《しょうがいせん》の先頭に立たせた。

二月十七日の池田の日記。〈午後、会長室へ。R寺問題で、私が先生より、厳しく叱《しか》られる。何時《いつ》でも、私が、叱られてしまう。理事長や、理事は、あまり叱られぬ……。思うように敢然《かんぜん》と指揮がとれれば、やりいいのだが……。進退窮《きわ》まれる立場なり……大阪関係に電話連絡をする〉。

池田は青年部の代表とともに蓮華寺を訪れ、崎尾正道との直接対決にも臨《のぞ》んだ。やがて宗門は、常軌《じょうき》を逸《いっ》した崎尾を処分した。戸田が宣言した新寺院も四月に完成。崎尾は後年、離宗《りしゅう》していく。

◇

この事件の渦中《かちゅう》、大阪の男子部員三人が路上で崎尾を見かけ、話し合いを求めたことがあった。やはり崎尾は聞く耳を持たず、まともに答えないままバスに乗ろうとした。男子部員が崎尾の袖《そで》を引っ張り、まだ話は終わっていないと言った。

崎尾はこの揉《も》み合いを理由に、傷害《しょうがい》容疑で曽根崎署に告訴《こくそ》した。男子部の一人が取り調べを受けたが、何の問題にもならなかった。

年も越《こ》して、崎尾が起こした一連の騒ぎは、ようやく収《おさ》まったかに見えた。

しかし、この一住職が巻き起こした騒動が、一年三カ月も経《た》ってから蒸《む》し返されたのである。

「点」と「線」

一九五六年（昭和三十一年）五月十五日。読売新聞大阪版の朝刊社会面に〈暴力で信者獲得　六名に逮捕状　創価学会関西本部〉という大きな見出しが出た。他紙も同じ趣旨《しゅし》の記事を載《の》せた。逮捕された学会員たちは十五日の早朝、ほぼ同時刻に捕らえられている。つまり、警察が逮捕する当日の朝、逮捕予告の記事が新聞に載ったのだ。

大きな謎が二つあった。

まず、このように大きく扱われた「事件」は、それぞれ「五カ月前」「一年前」「一年三カ月前」の出来事だった。それらまったく別々の出来事が、同じ日に「事件」にされたのである。

さらに、それらはすべて「傷害」容疑だったが、学会員が暴力を振るった事件は一件もなかった。「五カ月前」――泥酔《でいすい》した男たちが学会員宅に乱入《らんにゅう》し、食膳《しょくぜん》をひっくり返し、ガラス障子《しょうじ》を破り、玄関で転《ころ》んで自分でこぶをつくって帰っていった。被害者は学会員のほうである。

「一年前」――学会員が他宗の本部に連れ込まれ、木刀や出刃包丁《でばぼうちょう》で脅《おど》された。これも学会員が被害者だった。そして「一年三カ月前」に起きた蓮華寺住職と男子部員の〝問答〟も、併《あわ》せて「事件」になった。

しかも大阪府警はわざわざ捜査《そうさ》本部まで立ち上げて一斉に逮捕したのである。そして新聞は「暴力宗教」と書き立てた。府警の警備部長は聖教新聞の取材に対し、あくまでも「個々の事件」を扱《あつか》ったにすぎない、学会を対象にした捜査本部ではないと釈明《しゃくめい》したが、明らかに狙《ねら》い撃《う》ちだった。

警察の取り調べも違法の疑いが強かった。逮捕後、「捜索《そうさく》するから鍵を出せ。よこさないと戸を破って入るぞ」と脅《おど》され、自宅の鍵を取り上げられた男子部員もいた。「蓮華寺事件」の際、住職の崎尾に話し合いを求めた一人、池田弘稔の自宅には刑事六人と新聞記者二人が、そろってやって来たという。家を出る時、カメラのフラッシュを浴びた。

参考人として任意出頭を求められた佐伯三郎（当時、大阪支部幹事）は「仕事のためどうしても午前中は同行できない」と強く拒否《きょひ》したが、警官二人に強引《ごういん》に市電に乗せられた。ある婦人部員は「家事があるから」と拒《こば》んだが、「出頭しないと後のためにならないぞ」と恫喝《どうかつ》され、やむなく連行された。

逮捕された人々は、結局十日後には全員、釈放された。学会の名簿や指導集など、「事件」とは関係ないものまで押収《おうしゅう》され、学会の経理状態や幹部の権限についてしつこく尋問《じんもん》された。新聞は警察発表を増幅《ぞうふく》し、事実と正反対の報道をした。結果として、巧妙《こうみょう》な宗教弾圧が行われたのである。

「五月の不法逮捕は、関係ない『点』と『点』をつないで一本の『線』にし、組織的な動きに仕立てようとした悪質な手法だった。これは翌年の『大阪事件』で使われた捜査手法と似ている」と当時の関西幹部は語る。

「をづる事なかれ」

新聞が一斉に「暴力宗教」と報じた五月十五日の夜。大阪市内で戸田の御書講義が行われた。

「一年も前の事件を蒸《む》し返して、いかにも私たちが悪いように見せかけている……難《なん》といえばまさに難であります」。戸田の舌鋒《ぜっぽう》は鋭《するど》かった。

「いつ、どこで、私たちが暴力をふるって信仰を強制したというのか。暴力で信心するばかが今時ひとりでもいたら私はお目にかかりたい。みな、すでに決着がついている問題です。しかも、相手が悪いことまで反対に書く新聞こそ、まさに暴力ではないか」

その二日後の早朝講義。「不安を抱えたままだった私たちに対して池田先生が引かれた御書が、『大阪の戦い』の中で一番印象に残っています」と栗原明子は語る。

それは「聖人御難事《しょうにんごなんじ》」の一節だった。日蓮の晩年、弟子たちが「熱原《あつはら》の法難」と呼ばれる大弾圧を受けた。その最中に綴《つづ》られた手紙である。

〈各各《おのおの》師子王《ししおう》の心を取り出して・いかに人 をどすとも をづる事なかれ、師子王は百獣《ひゃくじゅう》にをぢず・師子の子・又かくのごとし〉（御書一一九〇ページ）――師子王の心を奮《ふる》い起こし、どれだけ人が脅そうとも、決して恐れてはならない。師子王は百獣を恐れない。師子の子もまた同じである――。

「もう『これしかない！』という一節でした。あの先生の声で、幹部の間にあった怯《おび》えた空気が切り裂《さ》かれました」（栗原明子）

――この年、池田の御書講義を皮切りに始まった大阪支部の弘教は、一月の三三八九世帯に続き、二月も三九八六世帯。三月は五〇〇〇世帯の大台に乗った。〈幾度《いくたび》も、大阪へ行く事になる。大阪の人々と、心から仲良くしたい。嬉《うれ》しい事だ。真実の同志、大阪よ、と叫びたい〉（三月二十四日の池田の日記）。

四月はさらに激増して、九〇〇〇世帯を超えた。この月、二番手だった蒲田支部の成果は三千数百世帯である。〈大阪の折伏、断然《だんぜん》、群《ぐん》を抜いてゆく。楽し。上《あ》げ潮《しお》の関西〉(同四月十一日)。

そして五月。マスコミが一斉に「暴力宗教」と騒《さわ》ぎ立てた。まさにその五月、大阪支部は「一万一一一一世帯」という未曾有《みぞう》の結果を出したのである。堺支部の一五一五世帯と合わせると、創価学会全体の弘教の、じつに四割を超えていた。

マスコミが報じたような「暴力で脅す宗教」なら、とても成し遂げることのできない結果だった。「あのとき警察とマスコミに負けて、四月と似たような成果だったら失速していたかもしれません。ものの見事にはね返された先生の気迫《きはく》が、『大阪の戦い』の勝利に結びついたと思います」(栗原明子)。

「誰が笑うものですか。あなたさえ幸せになったら」

経験したことのない逆境の中で生まれた「一万一一一一世帯」には、同じ数だけのドラマがあった。

中村千恵子(住之江区、婦人部副本部長)は和歌山で生まれた。一九五五年(昭和三十年）、結婚を機に大阪に出てきた。マッチ箱のような五軒長屋に住んだ。

夫の康弘（同、副本部長）はトラックで兵庫の姫路まで三時間かけて材木《ざいもく》を運《はこ》んでいた。お人好しで、人に騙《だま》され、大きな借金を背負った。

「真面目《まじめ》さが災《わざわ》いして、夫婦がお互いに信頼して手をつないだまま、底なし沼《ぬま》にはまりこんだような生活でした」と千恵子は振り返る。大阪に出て一年後、娘が生まれた。

「生後六日目のわが子を抱いて長屋の玄関に立った時、懐《ふところ》には五十円しか残っていませんでした。義理も人情もこの大阪では通用しないと感じて、泣くにも泣けない気持ちでした」。

隣人《りんじん》に創価学会員がいた。長屋の管理人は学会嫌いで、長屋に訪れる学会員を罵《ののし》り、学会と関係のない来訪者まで学会員だと思い込み、トラブルを起こすほどだった。

中村の家にも学会員が訪れた。散々反対して追い返した。「ただ、西川さんという婦人部のおばあちゃんが口にしていた『一〇〇日、三年、七年の坂』という言葉が心に残りました」（中村千恵子）。

日蓮の手紙に〈百日・一年・三年・七年が内に〉という一節がある（種種御振舞御書、御書九一一ジペー）。仏法の力用《りきゆう》が現れる節目として、一〇〇日や一年、三年、七年を目指し、学会活動に励む人が多かった。

先に触《ふ》れたように、ちょうどマスコミが学会に対して「暴力宗教」キャンペーンを張っていた時である。千恵子は反発しながらも「あの信仰で苦しい坂が越えられるのか」と心を惹《ひ》かれていた。「もし学会に入ったら、父母はどれだけ反対するだろう。二度と郷里に帰れないと思った。それほど世間の学会批判はひどかったのです。学会に入るのは当時の私にとって『死』にも匹敵《ひってき》する決断でした」。

もともとの生活苦に加えて、子どもの病気、乳腺炎《にゅうせんえん》の手術の失敗が重なった。「どうしようもなくなった時、西川のおばあちゃんが私の心の扉《とびら》を開いてくれた」という。

ある日、千恵子は西川に「今さら私が信心したいと知ったら、学会の人たちはきっと手をたたいて笑うでしょうね」と自嘲《じちょう》を込めてつぶやいた。

「私の言葉を聞いた西川のおばあちゃんは、『誰が笑うものですか。あなたさえ幸せになったら……』と言ったきり、ポロポロと涙を落としたのです。そしてよごれたエプロンで涙を拭《ふ》いて『三年や七年は、すぐですよ』と言って、泣きながら笑ってくれました」

五月二十五日、千恵子は信心を始めた。夫の康弘もすぐ続いた。池田が陣頭指揮を執った「一万一一一一世帯」のうちの一世帯であることを、後年知った。「私たちはこぼれ落ちそうな一世帯ですよ」と千恵子は笑う。これまで弘教した数は、夫婦で四十世帯を超えた。

私も一緒に祈ります

同じころ、「すごい人が来てるで」と聞き、関西本部で池田が戻るのを待ち続けた婦人部員がいた。生野区の河本スミである。

一九五五年（昭和三十年）に入会した。夫が失業し、夫婦喧嘩《げんか》が絶《た》えない。長男の家出《いえで》と借金も重なり、一家八人は貧乏の底に突き落とされた。めぼしい家財道具や着物を売って米代《こめだい》にした。河本は少女時代から何不自由なく育った。初めて働きに出た。信仰に関しては家族の中で孤立無援《こりつむえん》だった。

夜も更《ふ》けてから、ようやく池田が関西本部に戻ってきた。初対面である。〈「こんばんは、どうされたんですか」とやさしく聞かれ、私は「信心は真面目にやっていますが、どんどん悪くなっています」と一切を打ち明けた。先生は、一日戦いきった後で、さぞお疲れのことであったろう。しかし、じっと私の話を聞いてくださった〉（河本スミの手記）。

池田は「信心ではあなたが家族の中心者です。反対されるだろうけど、信心だけは

池田を中心に関西本部（当時）にて（1956年5月）

やめてはいけません」と励ました。「私もあなたと一緒に祈りましょう。勇気を出して信行学《しんぎょうがく》の仏道修行《ぶつどうしゅぎょう》をやりきるのですよ。私も御本尊に祈ってあげます」。「信行学」とは、仏法を信じること、実践すること、学ぶことを指す。

帰り際、池田は河本に子どもは何人いるのかと尋ねた。〈「五人おります」と言うと、のり巻きのおかきを白い大きな紙に包《つつ》んでいただいた〉。河本はその場で泣き崩《くず》れた。夜遅くに押しかけ、非常識を承知《しょうち》で悩みを聞いてもらい、ここまで温かくされるなどと思ってもいなかった。「泣かなくていいよ。信心さえ続けていくならば、必ずや、喜ぶ時が来るんだから」という池田の言葉を抱きしめて、近鉄の最終電車に乗った。〈夜更《よふ》けの道を歩きながら、涙があふれ出てしかたありませんでした〉。

それからの日々は〈以前にも増してつらい事はあったが、私の心はあの富士のようにどっしりとして微動《びどう》だにしなかった〉。やがて反対していた夫も信心を始め、前よりいい会社に勤めた。後年、九十人ほどが入れる個人会場を建てることもできた。

河本スミは〈一人の偉大な人間との出会いが、人生を大きく変える事を実感できた〉と綴っている。

◇

住吉区を中心に西大阪の草創期を築いた一人、鈎《まがり》せつ子。「一万一一一一世帯」のうち三家族に弘教した。〈よれよれの着物を着て、子どもを背負っている私の姿は、まさに終戦後の買い出し部隊のようで……でも心は晴れ晴れ晴れ、無我夢中《むがむちゅう》に走りました〉（鈎せつ子の手記）。

「大阪の戦い」では、四歳と一歳の子を連れて、関西本部の早朝講義に出席していた。夫は信仰に理解が薄《うす》く、舅《しゅうと》は猛反対。姑《しゅうとめ》が寝たきりだった。しかし、やがて義父母は信仰を理解してくれるようになり、ある日、子どもを預けて会合に参加した。

早朝講義の場で池田から「きょうは子どもさんは？　ご主人は？」と声をかけられ、

最後に一言「頑張るのですよ」と励まされた。心底驚いた。〈毎日毎日、子どもを連れて参加していた私の姿を見てくださっていたのか……生涯忘れることができません〉。

鈎は〈電車賃もなく夜空の星を眺《なが》めながら、子どもの成長と幸せになることを自分に言い聞かせながら歩きました〉とも書き残している。

〈夏のカンカン照りの日、座談会に出席してくださったことも何回かありました。……私たちが言えば文句ばかり、という人でも、（池田）先生の座談会に出席した人は、文句も言わないでみんな素直に入信決意するのです〉。なぜだろうと不思議に思いながら、ますます信心に励んだ。

これらは関西で無数に生まれたエピソードの、ごく一部分にすぎない。どの地にも、池田の励ましによって立ち上がった民衆の群像《ぐんぞう》があった。そのエネルギーは「暴力宗教」という偽《いつわ》りのレッテルを貼《は》られても、弱まることはなかった。

◇

五六年（同三十一年）七月、白木義一郎は参院選に勝利する。

権力で動くのでもない。金で動くのでもない。これまで見たことも聞いたこともない、まったく新しい民衆運動を、どのようにして「取り締《し》まる」か。学会に対して振り上げた拳《こぶし》を下《お》ろせなくなった人々にとって、絶好の機会が訪れた。翌年四月の参院補選で、学会が推薦《すいせん》した中尾辰義が敗《やぶ》れたのである。

支援していた学会員の中に、買収《ばいしゅう》と戸別《こべつ》訪問の容疑で逮捕された者が出た。照準《しょうじゅん》は、支援の責任者だった池田に合わせられた。それは関西に創価学会の組織が産声《うぶごえ》をあげてから、五年にわたって結ばれてきた「信頼の糸」を分断《ぶんだん》する動きになった。かつて日蓮は時の最高権力者である北条時頼《ほうじょうときより》に「立正安国論《りっしょうあんこく》」を提出し、その激しい諫暁《かんぎょう》ゆえに権力者たちから憎まれ、迫害された。日蓮を精神の中心に据《す》えた創価学会にとって、「大阪事件」は避《さ》けることのできない弾圧《だんあつ》でもあった。

「入った者でないとわからないんだ」

鈎せつ子は一九五七年（昭和三十二年）七月三日の夜、地元の地区部長から池田の逮捕を聞いた。

〈その瞬間、何が何だかわからず、しばらく言葉にもならず……心の中で〝そんなことはない、そんなことはない〟と否定しながら、部員さんの家に走ったことを覚えております〉〈まるで枯《か》れ草に火がついたように、怒りが組織のすみずみまで滲透《しんとう》して

池田の不当逮捕に怒りの声を上げる戸田第２代会長。蔵前国技館で開催された東京大会で（1957年７月、東京・台東区）©Seikyo Shimbun

いきました〉（鈎せつ子の手記）

池田への差し入れを続けた矢追久子は毎日、気が気ではなかった。〈戻されてきた容器を開いてみては、残っていると、食欲がおありにならないのだろうかと案《あん》じ、全部平《たい》らげてくださっていると、足りなかったのではと、わが身を責《せ》めるのでした〉（矢追久子の手記）。

池田の逮捕を誰よりも怒っている男は東京にいた。言うまでもなく、戸田城聖である。

◇

七月四日、沖本泰幸は大阪城公園に向かっていた。池田に食事の差し入れを届けるためだった。その帰りに大手門近くまで来た時、一台のジープとすれ違った。

幌《ほろ》をかけていたが後部座席が見えた。〈後ろの座席に先生がおられた。跳《と》びあがった。「先生！」「（分かってるよ）」先生はうなずかれた。私は、砂ぼこりの地面にへたへたと座り込んでしまった。そして地面を叩《たた》いて泣いた〉（沖本泰幸の手記）。

沖本は東京との連絡責任者だった。戸田城聖は沖本に、戸田自身の一日の行動、連絡先をすべて伝え、二時間おきに現状を報告するよう命《めい》じた。

戸田の指示を聞き漏《も》らしたり、見落としたりすると〈百雷《ひやくらい》が落ちるように〉叱《しか》られた。その沖本の手記には、戸田の切々《せつせつ》たる思いがにじんでいる。

〈七月六日だったと思うが、いつものように報告申し上げると、じっとお聞きになったあとで「お前ばかり叱ってかわいそうだな。がまんしてくれよ。わしは弟子がかわいいんだ。かわいい弟子が苦しんでいるのを見て、いてもたってもおれないんだ。頼むぞ！」と仰《おお》せられて電話を切られた〉

〈「できれば、わしが代わって入ってやりたい。あそこは、入った者でないとわからないんだ」と涙声になっておられた。私は、受話器をもったまま、泣き伏した〉

逮捕から六日目の七月八日、池田の身柄《みがら》は東署から大阪拘置所に移《うつ》された。いつ釈放《しやくほう》されるのか、依然わからない。ときには戸田のほうから関西本部に、十分おきに電話がかかってくることもあった。

「全国から集まって、大阪に乗り込もうではないか」

七月十二日の夜には、東京で大規模な抗議集会が行われた。会場の蔵前国技館には二万人が詰《つ》めかけ、場外にも約二万人があふれたという。

福住ふさゑは、この「東京大会」と、五日後の「大阪大会」の両方に出席した数少ない一人である。福住は大阪の婦人部員だが、勤めていた会社から営業成績を表彰され、東京での会食会に招待されていた。その席で、たまたま同席した人から「今日は東京で大きな創価学会の行事があるそうですよ」と教えられた。矢《や》も盾《たて》もたまらず、宴席を中座《ちゅうざ》して、国技館に駆けつけた。

福住には、忘れられない出会いがあった。一年半前の一九五五年（昭和三十年）、大晦日《おおみそか》の前日に、結核を病《や》んでいた夫を亡くした。〈小学校六年生の長男を頭に、八月に生まれたばかりの乳飲《ちの》み子を含めて、五人の子どもを残された時には、泣くことさえ許されませんでした〉（福住ふさゑの手記）。

餅《もち》も用意できない正月を終えた一月五日、関西本部で池田と話す機会があったという。

この日の池田の日記には、自身を省《かえり》みて、こう綴られている。〈十時より、個人面接――。夕六時まで。多数の指導をうける人あり。全力投球の指導をす……頭の悪《あ》しき事を、悔《くや》む。〝以信代慧《いしんだいえ》〟の肉弾《にくだん》の如《ごと》き信心以外に、われのたどりゆく方法も、道もなき事を、深く思う。ああ、凡夫《ぼんぷ》〉。

「以信代慧」とは、「智慧《ちえ》のない凡夫も、信心の修行によって成仏《じょうぶつ》への智慧を得ることができる」という意味である。

「いいご主人だったなあ」。池田は福住の亡き夫を偲《しの》んだ。夫は生前、池田の御書講義を受講していた。そして池田は「どんなつらいことがあっても、泣いてはいけない」とふさゑに語った。「泣いているだけではご主人を成仏させることができない。あなたには御本尊様があるじゃないか。幸せになるんだ」。

〈生活のこと、子どものことを温かく聞いてくださった。「五年、一〇年、二〇年先です。想像もできないことになるよ」と言われた。この言葉には安心させられる何かがあった〉（福住ふさゑの手記）。

数カ月後、大阪港に近い港区の田内喜郎宅で、福住は池田と再会する。

穴のあくほど福住の顔を見つめた池田は、自分の膝《ひざ》をぽんと叩《たた》き、「うん、腹が決まったんだね。変わった、変わった。あの時はかわいそうだった。本当にどうしていいかわからなかったんだ」と喜んだ。

――立錐《りっすい》の余地《よち》もない蔵前国技館で、福住ふさゑは胸を震《ふる》わせた。戸田城聖が叫《さけ》んでいる。

〈この時の戸田先生の師子吼《ししく》は脳裏《のうり》から離れることはありません。「今、私のかわいい弟子が横暴な権力によって苦しめられている。無実の者をいつまでこのようにしておくのだ。すぐに釈放せよ！　そうでなければ断じて許しておけぬ。全国の学会員が集まって、大阪に乗り込もうではないか」と〉

◇

この「東京大会」の終了後、戸田は関西から出席していた幹部を目にするや、開口一番「何をしているんだ！」と叱責《しっせき》した。「大作を早く出してこい！　何をボヤボヤしているんだ！」。

この七月十二日を挟《はさ》んだ数日間、池田は大阪拘置所で、無実の罪を認めざるを得ない状況にまで追い込まれていた。

夏の密室《みっしつ》で、どのような取り調べが行われたのか。大阪地方検察庁によって、どのように「点」と「点」が結ばれ、歪《ゆが》んだ「線」が引かれたのか。それらは四年半に及ぶ裁判の場で、徐々に明らかになっていく。

第三章

獄中闘争――「0.1パーセント」の道

松下紀代子（東京、新立川総区婦人部主事）は中国の長春《ちょうしゅん》で生まれた。太平洋戦争の敗戦後、一家で祖母の住む福岡に引き揚《あ》げた。

「父の一男は大阪で商売を始めましたが、次々に失敗しました。昭和三十一年、借金を抱《かか》えた貧乏のどん底で折伏《しゃくぶく》され、両親ともに信心を始めたのです」

当時十六歳だった娘の紀代子は、いろいろと文句をつけて二年ほど信心に反対し続けた。

「あれは父が亡くなった後でした」。部屋の整理中、見慣れない箱が出てきた。一枚の開襟《かいきん》シャツが入っていた。

少し染《し》みがある。高級品でもない、平凡《へいぼん》なシャツだった。母の千枝子に、これは何かと尋《たず》ねた。

「それは、お父さんが『大阪大会』に着ていったシャツやで」

形見《かたみ》のシャツ――千枝子は、一男にとってその夏の日が、どれほど鮮烈《せんれつ》な一日だったかを語り始めた。

「来阪《らいはん》の度《たび》に思う。関西の成長発展を」

「大阪大会」――池田大作が大阪拘置所《こうちしょ》から釈放された一九五七年（昭和三十二年）七月十七日。中之島の大阪市中央公会堂とその周辺は、大阪地方検察庁《けんさつちょう》に抗議するために詰《つ》めかけた、およそ二万の学会員で埋《う》まった。

信心を始めてまだ一年ほどだった紀代子の父・一男も、土砂降《どしゃぶ》りの雨に打たれながら場外で参加した一人である。「ちょうどわが家が経済的にも一番苦しかった時期です。父の開襟シャツは当時のまま、宝物のように大切に折り畳《たた》まれていました」（松下紀代子）。

一男が亡くなった六八年（同四十三年）、紀代子はすでに地域の学会婦人部のリーダーとして活躍していた。

「でも『大阪大会』の意義はくわしく知りませんでした。なにしろ『大阪大会』の頃は信心に猛反対している最中だったから」と苦笑いを浮かべる。「父の形見のシャツに、あらためて教わりました」。

◇

〈十二時三十分発の特急にて、大阪へ講義に。「法華初心成仏抄《ほっけしょしんじょうぶつしょう》」を終わる。自分の勉強不足を、つくづくと嫌《きら》う〉（一九五五年五月二十一日の池田の日記）
〈来阪《らいはん》の度《たび》に思う。関西の成長発展を〉（同二十二日）
〈（戸田）先生の、指導訓練、日増《ひま》しに厳し。耐《た》えるのに、精一杯の一日一日〉（同三十一日）
池田の二十代後半は、関西の思い出が強烈な光を放《はな》っている。池田が逮捕・勾留《こうりゅう》された七月三日から七月十七日の約二週間、その関西の地で、学会員の心は千々《ちぢ》に乱れた。
「大阪大会」は、彼らの怒りと誓いの結晶だったといえよう。本章と次章では、池田の獄中《ごくちゅう》闘争も含めた「大阪大会」前後の証言記録を追う。

人間扱《あつか》いされず

後に初代の都島支部長を務めた長谷川元一。〈（池田の逮捕を知らせる）電話に「なんでや？」と我が耳を疑った……すぐに缶詰《かんづめ》や牛乳を買い入れ、スクーターで突っ走っていた〉（長谷川元一の手記）。運転免許を取ったばかりだった。

一年前の「大阪の戦い」で、池田の指揮をつぶさに見てきた。「先生は体が悪うて、ウチで休まれたことも……その命懸《いのちが》けの姿を見て、ワテらは鉄砲玉《てっぽうだま》みたいに飛んで、大阪じゅうを駆け回った」とも語り残している。長谷川は大阪府警察本部の正門受付で、池田への差し入れを申し込んだ。

〈何となく変な雰囲気のなかで「ここにはいないよ。天満《てんま》署だ」と言われ、すぐ天満署に走った。

風呂敷《ふろしき》には、缶詰と氷を入れていたので、氷水《こおりみず》がポタポタと流れていく。「はよ、せな」と焦《あせ》る気持ちを抑《おさ》え……（天満署で）差し入れを申し入れると「そんな人はいない。本部の方《ほう》」と言われ、再び府警本部へ向かった。が、結局、差し入れは受け入れてもらえず、ヘナヘナとその場に座り込んでしまった。その時の悔《くや》しさといったら、今でも忘れられない……人をバカにしたというか、庶民をあしらう横暴《おうぼう》さに心から憤《いきどお》りを感じた〉

大阪府警や大阪地検によって心ない対応をされた学会員は多い。矢追久子は七月四日、魔法瓶《まほうびん》に入れたみそ汁を差し入れるために奔走《ほんそう》した。

〈東署へ行ったら「府警へ行け」と言われ、府警へ行ったら「東署へ」と行きつ戻りつして、やっと東署で受け付けてもらえる始末《しまつ》……そのようにして、せめて三度の食

事だけでもと、運《はこ》んだんです〉（矢追久子の手記）

吉田顕之助（千葉、松戸総県総主事）。義兄の小泉隆（当時、学会理事長）が逮捕され、大阪地検に赴《おもむ》いた。「検事は威張《いば》りくさっていました。何を言っても、ろくにこちらを見ず、ふんぞり返って。虫けら扱いというか、人間扱いされないというのは、ああいう態度のことをいうのでしょう」。

吉田はまた、この間《かん》の出来事《できごと》について「池田先生が逮捕・勾留されたあの二週間、青年部の執行部は大変でした」と振り返る。

「戸田先生から指導されたことはできます。しかし池田先生はふだんから、戸田先生の心をわかったうえで、その一歩先の動きをされていた。そのことに、池田先生が囚《とら》われて初めて気づかされたのです」

「代われるものなら」

「あの時、代われるものなら代わりたかった」と語り残した一人に、第二代大阪支部長の大井満利がいる。居《い》ても立ってもいられず大阪地検を訪れた。その時の出会いを、池田は次のように記《しる》している。

〈取り調べで移動するさい、地検の廊下《ろうか》で「がんばってください！」。一人の巨漢《きょかん》が走り寄ってきた。腰にタオルをぶらさげた大井さんだった。「大丈夫です。それより支部の皆さんに、くれぐれもよろしく」「エエ、よろしおます……」顔中に汗をかいた大井さんの目が、キラッと光る私の両手の手錠《てじょう》にとまった。

目頭《めがしら》を赤くした大井さんや、その付近におられた同志の一人ひとりのお名前も、お顔も終生《しゅうせい》忘れ得《え》ない。国家権力の正体とはいったい何か、このときほど思い知らされたことはない……〉（『忘れ得ぬ同志』聖教新聞社）

大井は前年の「大阪の戦い」で、「カラスの鳴《な》かぬ日はあっても、大井の叱《しか》られない日はない」といわれるほど池田から厳しく育てられた一人だった。

峯山益子（関西婦人部総主事）も、池田の様子が気がかりで大阪地検を訪れた一人である。

一九五三年（昭和二十八年）、矢追久子の勧めで信心を始めた。翌年、その矢追宅を訪れた池田と懇談《こんだん》する機会があった。「当時は会合にもほとんど行かず、池田先生がどういう方なのかも知らなかった」という。

峯山は高校卒業後、阪急電鉄や宝塚歌劇団などの創始者として知られる小林一三が大阪府池田市につくった図書館（「池田文庫」）に勤《つと》めていた。近況を話すうちに、御《ご》書《しょ》（日蓮《にちれん》の遺文集《いぶんしゅう》）をまだ持っていないことが池田に知られた。「『四万冊も本がある図書館に勤めているのに、御書は持ってないの？』と言われて、『女子部は教学で立ちなさい』と懇々《こんこん》と教えてくださいました」

さらに池田は便箋《びんせん》に〈月光の如《ごと》く尊き乙女《すがた》して　永久《とわ》の功徳を強く受けきれ〉と書き、その場で峯山に贈った。「あの日が、私が本当に信心を始めた日です」と振り返る峯山。教学にも本腰《ほんごし》を入れ始めた。

週刊誌に学会批判が載《の》った日の朝は、出勤すると、その雑誌が必ず机の上に置かれていた。

「学会を嫌う壮年の方が職場にいたんです。ときには面と向かって罵声《ばせい》を浴《あ》びせられました」。峯山はひるまず雑誌記事の誤《あやま》りを語った。「御書に『三障四魔《さんしょうしま》』とあるでしょ。信心していたら、そんなことが起こるのは当たり前と思えるようになっていました」と笑う。

大阪地検の廊下《ろうか》で峯山は、いきなり写真を撮《と》られた。「私も含めて何人かが地検の廊下に立っていました。すると刑事か検察の人かわかりませんが突然、目の前でパシャパシャ！とフラッシュをたいたのです。そこにいた学会員全員の顔写真を次々と撮られました」。

池田は高校生の世代に向けて語った「青春対話」という連載で、「大阪事件」の社会的意義について平明《へいめい》に述べている（『青春対話2』普及版一四〇㌻）。その中に「証拠もないのに、なぜ罪をかぶせることができたのか不思議です」という高校生の疑問が紹介されていた。

◇

池田の冤罪《えんざい》をつくりあげるために、警察と検察は学会員たちに対して、どのような取り調べをしたのか。

林智栄子（関西婦人部総主事）は高麗橋《こうらいばし》の三越百貨店に勤める二十歳の女子部員だった。

病弱だった母が、信心を始めてからみるみる健康になり、一日三食、食べられるようになった。「母は座談会から帰ってくると『会場には大きな提灯《ちょうちん》があってナ』『きょうは歌を歌ってナ』と嬉《うれ》しそうに話すんです。そのうち踊《おど》り出すんちゃうか、と思うほど元気になりました」。

林は戸別《こべつ》訪問を疑われ、守口警察署と大阪地方検察庁に合計十日ほど通わされ、取り調べを受けた。連日、朝から晩まで続いた。脳卒中《のうそっちゅう》で伏《ふ》せっていた父の容体が気がかりでならなかった。気丈《きじょう》な林は「こんなんしてたら会社に行かれません。もし、クビになったらどないしてくれはるんですか。家が大変やのに。警察が責任とって、雇《やと》うてくれはるんですか!」と刑事に詰《つ》め寄った。

大阪地検では検事たちに取り囲まれた。百貨店の上司にまで電話をかけられた。「私を取り調べた検事は、のちに池田先生を担当した検事でした。『やったやろ、やったやろ』と机を叩《たた》かれ、名刺サイズの池田先生の顔写真を見せられ、『知ってるやろ』『知ってるはずや』と。もう恐ろしい剣幕《けんまく》でした」。

怒鳴《どな》られている最中、頭が朦朧《もうろう》となり「ほんまは私、悪いことしたんやろか」と迷ったこともあったという。「あんなつらい目に遭《お》うたら、何の罪もない人でも犯人に仕立《した》てあげられてしまいますよ。検事たちは、どないしても罪を認めさせようとして、脅《おど》かし続けた。ほんまに傲慢《ごうまん》やった」。

「この女はほんまにしぶといなあ」と睨《にら》まれ、目の前の机をバンバン叩かれ、林は「おっちゃんら、こんなことしてたらあかんで」とかみついた。

「もうあんまり悔しくて、『生命というのは人間だけのものと違いますよ。ノミにもシラミにも生命があるんですよ。おっちゃんらも来世《らいせ》はどうなるか知りませんよ』と言ってやりました。『そしたら俺は、来世はノミかシラミか!』とよけい怒鳴られましたけど」

池田の逮捕を知った時、林の脳裏《のうり》を真っ先によぎったのは「取り調べだけでもあんなにえげつなかったんやから、逮捕ゆうたら一体どないな厳しい責めを受けるんやろ」という心配だった。

「自白させてから証拠を集める時代逆行の捜査《そうさ》」

「大阪事件」で池田は何と戦ったのか。四年半に及《およ》ぶ裁判で、検察が〈偏見予断《へんけんよだん》に基《もと》づき池田を逮捕し自白《じはく》をなさし、それから証拠を集めんとする時代逆行の捜査をなした〉（第八十二回公判、弁論要旨）実態が、次々に明らかにされていった。

その手法を解《と》きほぐすと、「大阪事件」の本質が見えてくる。そもそも「逮捕に至《いた》る経緯《けいい》」そのものが、「ウソの自白」で固められたものだった。

池田の勾留を認める書類には、二種類の容疑が記されていた。一つは「買収」の指示。もう一つが「戸別訪問」の教唆《きようさ》（そそのかす）である。

それぞれ証言者たちは密室《みつしつ》で脅され、怒鳴られ、検事の作文どおりに認めさせられた。

特に池田の逮捕に直結したのは、参院補選の投票日直前に起きた買収事件である。

タバコや百円札に候補者の名前が書かれていた――それが池田の指示だったという、まったく根も葉もない「虚偽《きょぎ》の調書」が作られたのだった。

池田は出獄直後の日記に〈(自分が)無実なることは、明瞭《めいりょう》なり。下部の責任をとることも、已《や》むを得《え》ぬことだ。ただ、(東京の)K支部の、N君らの買収や、支部長らの無責任な態度には、怒りをおぼえる。先生の精神も、崇高《すうこう》なる学会の伝統も、忘れて。悔《くや》し〉(『池田大作全集』第三十七巻)と記している。

当然のことながら、取り調べの中で、池田の無実が明らかになり、買収事件と池田は関係ないという調書も作られた。やむなく検察は、さらにでっち上げた〝戸別訪問の教唆〟という容疑で、池田を起訴《きそ》していくのである。

事件は、戸田や池田の指導性から見れば、まったく〝ありえないもの〟だった。ところが、その〝ありえないもの〟によって、池田が拘置所《こうちしょ》という密室に追い込まれた事実。池田が日記に記した「怒りをおぼえる」の一言。そこから検察の取り調べの理《り》不尽《ふじん》な実態が浮かび上がってくる。なぜ「虚偽の調書」が作られたのか――。

「格子《こうし》なき牢獄《ろうごく》」

事件を起こしたNは、ある地区の地区部長だった。検察の取り調べを受け、「虚偽の調書」を認めたのは六月下旬――池田が逮捕される直前である。

六月二十一日の夜。Nは検事から〝池田に指示されたと認めろ、ほんの形式上のことだから〟と迫《せま》られた。Nは否定した。池田とは一度しか会ったことがなかった。それも大阪駅で偶然《ぐうぜん》出会い、挨拶《あいさつ》しただけである。しかし、その一度の挨拶という「点」を使って、検察はNを何重《なんじゅう》にも締《し》め上げた。

Nと一緒に捕まった者の中には、母親が脳溢血《のういっけつ》で倒れていた者や、妻が妊娠中《にんしんちゅう》の者もいた。〝あの母親がそのまま死んだら、お前はその家の者に恨《うら》まれるぞ〟〝あいつは会社の資金繰《ぐ》りに困るだろうな。あいつの会社にもガサ入れしてやろうか〟――検事の追及は容赦《ようしゃ》なかった。

その一方で、決して池田を逮捕することはない、と説得し続けた。〈(池田に)検察庁へきて貰《もら》って貰って、それで終《お》わりだから〉(第四十五回公判調書)。また、これまで〈戸別訪問の関係で一応(池田の逮捕は)やめておいた〉(同)が、お前が認めなければ、やはり池田を逮捕する、とも脅した。

さらに巧妙《こうみょう》な言い回しも駆使《くし》した。この時すでに、理事長の小泉隆に責任をなすりつける調書が出来上がっていた。そのうえで検察は〝このままだと、小泉理事長に責任の比重《ひじゅう》がかかりすぎるから、バランスをとるために、池田からも指示されたと認めろ〟と迫ったのだ。Nにとって小泉は、信心を教えてくれた先輩でもあった。

池田に「形式上」の罪を被《かぶ》せ、お詫《わ》びに来させて済《す》ませるか。それとも池田を逮捕するか。どちらにするかは、お前の供述《きょうじゅつ》次第だ――Nにとって〈レールも敷《し》かれ、汽車が止まり、私が乗っかるだけ〉の状態を、検察は用意していた。

悩み抜いたNは〈(池田に)お詫《わ》びに来てもらうと、それだけで本当に済むんですね、決して引張ったりしないんですね〉(第四十四回公判調書)と検事に念を押した。その検事は〈俺が責任を持つ〉(第四十五回公判調書)と言いきった。Nは結局、調書のでっち上げに協力させられた。

検察の思惑《おもわく》どおりに事は進んだ。これらの調書の完成により、検察は池田の逮捕に向けて、本格的に動き出したのである。

◇

もう一つ、触れておかねばならない事実がある。

Nが釈放《しゃくほう》された日付は、七月三日だった。七月三日――北海道から羽田を経由して、池田が大阪府警に出頭《しゅっとう》した日である。

池田に罪を被せるために、でっち上げの調書をとられたNと、これから取り調べに臨《のぞ》む池田は、この日、入れ違いになった。つまり自由の身になったNが、池田に直接「調書のでっち上げ」を伝えることは不可能だったのである。

検察は周到《しゅうとう》だった。Nは釈放されてはじめて、事件の実像が大きく歪《ゆが》められたこと、その要《かなめ》がまさに自分だったことを知り、言葉にならない衝撃《しょうげき》を受けた。自分を騙《だま》した検事に会いに行き、〈約束が違うじゃありませんか……わたしをもう一回拘置所に入れて今度は本当の調書を取ってもらいたい〉（第四十四回公判調書）と懇願《こんがん》した。

さらに〈（拘置所を出た後のほうが）拘置所に入っている時よりも精神的には苦痛だ……まるで格子《こうし》なき牢獄《ろうごく》とはこういうことじゃないですか〉（同）と必死に訴えた。

しかし、その検事は〈もう今となってはしようがない〉〈上司の命令でどうしようもなかったんだ〉（同）とはぐらかすばかりだった。

すべては後の祭りだった。

この事件の被疑者《ひぎしゃ》の一人が、のちに池田の自宅に謝罪に訪れたことがある。応対した妻の香峯子で、彼は泣いて詫《わ》びた。香峯子の一言に、肺腑《はいふ》をえぐられたという。

「主人のことはともかく、戸田先生にご心配をおかけしたことは、本当に申し訳なく思っております」

長年にわたり関西婦人部長を務めた白木文《ふみ》は、〈（事件は）耳を疑いましたが、事実でした……一人の功名心《こうみょうしん》が、多勢の人を、そして池田先生にまで御迷惑をかける事になったのです。遂《つい》に七月三日、池田先生は、囚《とら》われの身となられました〉と書き残している。

「手錠《てじょう》をかけられた両手を高々と上げ」

池田は任意《にんい》出頭した大阪府警で不当逮捕され、その日のうちに東警察署へ移送された。八日には大阪拘置所に移監《いかん》され、釈放される十七日まで、連日の取り調べを受けた。

池田の獄中での苦闘を、間近で見つめた学会員がいる。九十一歳の山下通夫（守口市、副圏長）。「大阪事件」当時、大阪高等裁判所内の郵便局に勤めていた。職場は大阪地裁と同じ建物であり、大阪拘置所とも通路でつながっている。

「暑い日が続きました。同志は祈るような思いで拘置所の厚い高塀《たかべい》に向かい、池田先生が元気であってほしいと願っていました」

山下は中学を卒業し、大阪中央郵便局に就職した。夜は大阪外国語学校で中国語を学んだ。中国の古い陶器《とうき》に惹《ひ》かれたのだ。

「勇戦」——一気呵成（いっきかせい）に筆をふるう。「大阪の戦い」では多くの書をしたため、学会員を励ました（1956年、大阪市）

太平洋戦争では五年間、南京《ナンキン》と重慶《じゅうけい》を結ぶ郵便配達夫として働いた。『三国志』も原典で読破した。史跡巡《しせきめぐ》りが好きで、後年、大阪府の文化財愛護《あいご》推進委員なども務めている。

信心を始めるきっかけは、妻の登代子の病だった。神経痛、胸膜炎《きょうまくえん》などを患《わずら》い、結核性の腰椎《ようつい》カリエスで入院した。退院後もギプスをはめて動けない。給料の半分が治療費《ちりょうひ》に消えた。山下は登代子の身の回りの世話をしながら、好きなタバコもやめて黙々《もくもく》と働き続けた。

闘病《とうびょう》が八年目にさしかかった一九五六年（昭和三十一年）の夏。山下は家に帰る道すがら、京阪電車の萱島《かやしま》駅前を歩いていた。民家の軒先に見慣れない大きな提灯《ちょうちん》を見つけた。「私は好奇心旺盛《おうせい》やからね、ちょっとのぞいてみたんですわ。それが創価学会の座談会やった」と笑う。

考古学《こうこがく》仲間から日蓮の思想を聞きかじっていた山下は、その場にいた学会員と散々《さんざん》やり合って席を蹴《け》った。しかし、気になった。半年ほど座談会に通い、「信仰が妻の支えになるのなら」と入会を決心した。

一カ月後、寝たきりだった登代子は部屋の掃除《そうじ》ができるようになった。さらに数カ月後——季節は再び夏を迎えていた。萱島駅の改札口を出ると、「おかえり、今ですか」という耳慣《みみな》れた声がした。振り返った山下は「飛び上がるほど驚《おどろ》いた」という。長年まともに歩けなかった登代子が、なんと自転車に乗って迎えに来てくれていたのだ。

池田が連日、大阪地検で取り調べを受けていたのは、ちょうどその頃である。山下は職場近くの路上で「なんであんな理不尽《りふじん》なことが許されたのか。あれだけは絶対に許されへん」と今も声を震わせる光景を目にした。

◇

かつて「朝日新聞」に〈「市中《しちゅう》引き回し」改めよ／大阪地裁周辺で慣習化《かんしゅうか》〉という見出しが載《の》ったことがある（一九八九年十二月二十一日付）。

大阪地裁や地検の周辺で、事件の容疑者が〈手錠《てじょう》、腰縄《こしなわ》をつけたまま人目にさらされ、歩かされている姿が長年にわたって見られる〉実態を批判する記事である。衆人環視《しゅうじんかんし》の中を歩かせるこの行為は「刑の先取りだ」「まるで江戸時代の『市中引き回しの刑』だ」という抗議を受けて、現在はなくなっている。

池田は一九五七年（昭和三十二年）七月九日の午後、大阪地検から別館まで歩かされた。〈調室から池田に手錠をかけて別館のO検事室まで往復させた。多勢の人目《ひとめ》の中を手錠をかけて連行させ、而《しか》も何の用もなく只《ただ》引きづり廻《まわ》されたとしか思えないいやがらせであり重大なる侮辱《ぶじょく》であって一種の人権侵害《じんけんしんがい》である〉（第七十七回公判の弁護側意見陳述）。

この日、検察は池田に〈（検察の）云《い》う通りに、（話を）全部合わさなければ戸田会長を逮捕するようになってる、本部の手入れも考えている〉（第七十回公判調書）と告《つ》げている。

――周囲には池田の姿を見守る学会員たちの姿があった。

山下通夫は回想する。「私は郵便局の前の連絡通路から飛んで出ました。池田先生は、その婦人部員さんに見えるように、手錠をかけられた両手を高々《たかだか》と振り上げはったんです。私は信心を始めてまだ四カ月でしたけど、ほんまに胸打たれました」。池田に声をかけることもできず、山下は泣いた。

原爆症を乗り越えて

池田が手錠姿で路上を歩かされた頃、九州の宮崎から大阪行きの準備をしていた女子部員たちがいた。横山嘉寿美（延岡市、圏婦人部主事）と山田千鶴（宮崎市、支部副婦人部長）。二人は偶然が重なり、七月十七日、池田の出獄を間近で見ることになる。

「あの日から信心に真剣に向き合うようになりました」と山田は語る。「戦争が終わった時は満州（現在の中国東北部）にいました。父の利松は憲兵《けんぺい》で、シベリアかどこかに連行されて二度と帰ってきませんでした」。延岡に引き揚げ、母と二人で小さな青果店《せいかてん》を営《いとな》み、一九五五年（昭和三十年）に入会した。

宮崎の延岡市は、大阪の学会員が精力的に弘教《ぐきょう》を進めた地域だった。

横山嘉寿美の母スエは、ひどいリウマチで寝込《ねこ》んでいた。「昭和三十年、大阪から来た行商《ぎょうしょう》のおばあさんに折伏されました」。母はやがて快方《かいほう》に向かい、稲刈《いねか》りもできるようになった。その姿を見て横山も信心を始めた。深刻な悩みを抱えていた。

◇

戦争中、女学校を卒業した横山は看護婦（現在の看護師）を目指した。広島赤十字病院で学び始めたのは四五年（同二十年）四月。十六歳だった。

六月に一週間ほど帰省した。夜中、空襲警報で飛び起きた。六月二十九日の「延岡空襲」である。防空壕《ぼうくうごう》が満員で、川沿《かわぞ》いの草むらに必死で身を隠《かく》した。「自宅が丸焼けで制服も燃えてしまい、モンペを着て広島に戻りました」。

八月六日の朝は広島赤十字病院にいた。二階建ての宿舎。一階の窓から真っ青な空を見上げていた。午前八時十五分、目がつぶれるような閃光《せんこう》に包まれた。ほぼ同時に爆風《ばくふう》で吹き飛ばされ、気づいた時には崩れた宿舎の下敷《したじ》きになっていた。どこからか、女性の声で従軍看護婦の歌が聞こえ、不意《ふい》に途切《とぎ》れた。歌いながら息絶《いきた》えたようだった。

アメリカ軍が広島に投下した原子爆弾は、広島市内を焼き尽くした。年末までに約十四万人が亡くなったといわれている。長年にわたって放射能に苦しめられた人は数知れない。横山がいた広島赤十字病院から爆心地までの距離は、わずか一五〇〇メートルだった。

今もまぶたを閉じれば、そこで目に飛び込んできた阿鼻《あび》叫喚《きようかん》の光景が、浮かんでくるという。

けるようになり、延岡の母の実家に戻りました」。

「熱線《ねっせん》で黒く焼けただれた人。うずくまってうごめいている人。目を失った三歳くらいの裸《はだか》の女の子……あの子は『お母ちゃん』と泣き叫《さけ》んでいました」。医療品はすぐ底をついた。病院の庭には死体が山のように積まれた。「三週間ほど経って、杖《つえ》で歩けるようになり、延岡の母の実家に戻りました」。

◇

下半身の麻痺《まひ》と原爆症《げんばくしょう》に苦しめられた。「体がだるく、息も苦しいんです。血が止まらず、髪が抜け落ち、看護の略帽《りゃくぼう》をかぶって隠しました」。

二年後、突然の高熱に襲われ、全身に紫《むらさき》の斑点《はんてん》が浮かんだ。銭湯《せんとう》に行くと他の客がそそくさと出て行く。妹からは「お姉ちゃんと一緒に銭湯に行きたくない」と言われた。

信心に巡《めぐ》りあい、折伏に歩くようになると、近所の人から「ついにあの子も気がおかしくなった」と囁《ささや》かれた。「でも少しも気になりませんでした。学会の先輩から『いかに生きたかで人生の価値は決まる』と教わりました。死のことばかり考えていましたが、この信心で変わって前向きに生きられるようになったのだと思います」。

斑点はやがて消えた。少しずつ健康を回復していった。「ある日、妹が私の背中を見て不思議《ふしぎ》そうに言ってくれました。『姉ちゃん、背中のただれ（ケロイド）が消えちょる』って」。横山がこれまでに弘教した数は一五〇世帯を超える。

横山は山田らとともに「山口闘争」(単行本『民衆こそ王者』第四巻で詳述)にも参加した。「大阪で女子部の大会があると聞いた時には、母が米一俵《こめいっぴょう》を売って、往復の汽車賃を工面《くめん》してくれました」。

五七年(同三十二年)七月九日、横山と山田は夜行列車に乗って大阪へ向かった。ところが大阪に着いた二人は、女子部の大会が中止になっていたことを知る。「大阪事件」の混乱の渦中、連絡が行き違いになってしまったのだ。

がっかりする二人に先輩は尋ねた。「今、学会は大変な時なんや。お金ないかもしれんけど、しばらく大阪にいたらどうやろ」。

二人は大阪で幾《いく》つかの会合に参加した。「七月十七日ごろに大きな大会があるという話も、そこで初めて知りました」(横山嘉寿美)。

「延岡まで通ってくれた大阪の先輩が、いつも『池田先生というすごい人がいる』と言っていました」と振り返る山田千鶴。「信心して日も浅く、先生に会ったこともない私は、『その池田さんという人はこの先輩の恋人なのかな』と思っていたんです」と笑う。「でも、いざ大阪に来てみると、どの会合でも、誰もが池田先生の話をしていて、びっくりしました」。

――「これは権力の横暴《おうぼう》や」「獄中はえらい暑いらしいで」「池田先生は、食事に手をつけてはらへんらしい」「検察はこのあいだ、手錠をかけたまま外を歩かせて、先生をさらし者にしたんや」――。

今、何が起きているのか。この事件にはどんな意味があるのか。徐々にわかり始めた。「自分たちには何もできない。悔しくて泣きながら、御本尊に向かいました」（山田千鶴）。

「罪を認めなければ、師匠の戸田城聖《じょうせい》を逮捕《たいほ》する」

お前が罪を認めなければ、お前の師匠の戸田城聖を逮捕する――この恫喝《どうかつ》が、池田を苦しめた最大の理由だったことはすでに述べた。

検察は弁護士にも同じことを再三《さいさん》伝え、池田を説得するよう求めた。七月十日、弁護士は池田に、検事の言うとおりに供述したほうがいいと説いて帰った。

ところがその二日後の七月十二日――前章で触れた「東京大会」（蔵前国技館）の日である。池田のもとに血相《けっそう》を変えた弁護士がやって来た。面会時間はわずか十分しかない。興奮した弁護士は時折、故郷の山形弁になり、検察への怒りをまくし立てて帰った。

「検事の言うとおりにしろ」から「検察と断固《だんこ》戦う」へ、態度が一八〇度変わったことはわかった。しかし具体的に何が起こったのか、池田には伝わらなかった。

◇

実は前日の夜、買収事件を起こしたNが関西本部を訪れ、自分がでっち上げの調書に協力したこと、それが原因で池田が逮捕されてしまったことを、関西の幹部に伝えたのである。池田の逮捕そのものが不当《ふとう》だったことを知った弁護士が激怒《げきど》したのは、無理もなかった。

検察が捏造《ねつぞう》した「点」と「線」の全貌《ぜんぼう》が、見えかけたのである。

十二日の夕方、池田は検事に、もう一度弁護士と面会したいと頼んだ。その時、検事は池田に〈弁護士は飛行機に乗って逃げていった〉(第七十回公判調書)から会えない、と言った。しかし弁護士は飛行機に乗っておらず、大阪にいた。検事は池田を騙《だま》したのだ。「でっち上げの逮捕」が、肝心《かんじん》の調書をとる前にばれてしまうことを恐れたからだ。

さらに検事は〈何でもいいから云《い》う通りに認めればいいんじゃないか〉(同)と迫《せま》り、〈(学会本部や戸田のつくった大蔵商事の)手入れや(戸田の)逮捕は直《ただ》ちに決行する〉

（第七十七回公判で提出した意見書）と脅した。

卑劣《ひれつ》という言葉にふさわしい検察の対応だった。結局、十二日から出獄までの間、池田は弁護士と一度も会うことはなかった。この時の葛藤《かっとう》を、池田は次のように語っている。

「拘置所内では、牧口先生、戸田先生の暗黒《あんこく》の時代とは違っているし、このくらいのことで愚痴《ぐち》をこぼしては情けないと思っていた。

わずか十四日間。決して楽しくはないけれど、たいしたことではなかった。

ただ、精神的に苦痛であったのは、戸田先生を捕まえようとしていたり、学会本部を手入れしようとしていることを聞いた時です。

戸田先生が年配で体力的に厳しいことは、だれよりも私が、よくわかっていた。もし、牢《ろう》に入れられるようなことがあれば、先生の命にかかわったでしょう。

戸田先生に手を出させては絶対にならないし、広宣流布《こうせんるふ》の牙城《がじょう》に権力が土足《どそく》で踏み込んでくることは食い止めたいと思っていた」（『青春対話２』普及版一四二ジ）

「0.1パーセント」の道

日本では、検察に起訴されると「有罪率は九九・九パーセント」といわれる。きわめて高い有罪率であり、他国に例を見ない。不当な起訴を防ぐために、あらかじめ吟味《ぎんみ》を重《かさ》ねて起訴するからだ、ともいわれる。

いったん起訴されてしまえば、無罪を勝ち取るのは奇跡に近い。どれほど理不尽な取り調べで作られた調書であろうと、裁判での逆転は、ほぼ不可能なのである。

しかし池田にとって、体力の衰弱《すいじゃく》が進んでいた戸田城聖の投獄《とうごく》を防《ふせ》ぎ、創価学会を死守《ししゅ》する道は、その「〇・一パーセント」の可能性――裁判しか残されていなかった。

池田は七月十三日から、孤独《こどく》と闘いながら供述《きょうじゅつ》調書《ちょうしょ》づくりに協力し始めた。多くの「点」が集められ、ありもしない「線」が次々に引かれ、大規模な組織的犯行という「面」が仕立て上げられた。

「正義」の名の下に進められた取り調べは、もはや底なしの詭弁《きべん》に陥《おちい》っていた。七月十四日、検察はさらに〈裁判の時にはすぐにひっくり返ってしまうから、もっと完成した調書を作りたいからいろいろと話して貰《もら》いたい〉（第七十回公判調書）と池田に迫った。池田の「自白」は、主に四通の供述調書にまとめられた。

また検察は、関西総支部幹事の鳥養《とりがい》国夫、岡山支部長の山田徹一の二人にも無理強《じ》いし、池田の指示を受けて戸別訪問した、という「虚偽の調書」をでっち上げた。のちに大阪地方裁判所は、これらの調書について「強要《きょうよう》による自白」「任意《にんい》になされたものでない」と判断し、すべて却下《きゃっか》することになる。

義経《よしつね》の〝声〟に託《たく》して

七月十七日。正午過ぎに大阪拘置所から出獄した池田は、その瞬間から再び何千、何万という「民衆の海」へ飛び込んでいくことになる。しかしそれは、二十九年の人生で体験したことのない、誰にもわからない、重い荷物を背負っての出発でもあった。

その心境《しんきょう》を、わずかにうかがい知ることのできる、一篇《いっぺん》の詩がある。

――大阪府警に出頭する七月三日、羽田空港で池田は戸田城聖から、完成したばかりの戸田の小説『人間革命』を手渡された。

後年、池田はその『人間革命』の見返しに、「七月十七日（出獄の日）」「八月二十四日（池田の入信記念日）」の日付とともに、ある詩を書き写した。同じ内容の詩が、出獄から二カ月半後の池田の日記にも記されている（一九五七年九月三十日）。

大阪拘置所から釈放された池田を、多くの学会員が出迎える
（1957年7月17日、大阪市）©Seikyo Shimbun

雪《ゆき》ハ笠檐《りゅうえん》ニ灑《そそ》ギ　風《かぜ》ハ袂《たもと》ヲ捲《ま》ク
呱々《ここ》乳《ちち》ヲ索《もと》ムルハ　若為《いか》ナル情《じょう》ゾ
他年《たねん》鉄拐《てつかい》峯頭《ほうとう》ノ嶮《けん》
三軍《さんぐん》ヲ叱咤《しった》スルハ　是《こ》レ此《こ》ノ声

池田の日記は〈好きな人物——源《みなもとの》　義経《よしつね》——を詠《えい》じた詩。戦記物《せんきもの》を、読むこと、しばしば〉と続く。

これは梁川星巌《やながわせいがん》（江戸時代後期の文人）の詩で、「常盤雪行《ときわせっこう》」と呼ばれる。「常盤」は源義経（＝牛若《うしわか》）の母、常盤御前《ときわごぜん》のことである。

ある時、尾道《おのみち》を旅した梁川星巌は、幼い牛若を抱いた常盤御前が雪の中を急ぐ一枚の絵を目にした。この絵に梁川星巌は心を動かされ、詩を書いたという。

詩の大意は次のとおりである。

——吹雪《ふぶき》は、笠《かさ》のひさしを押しつぶさんばかりに降っている。風は、着物の袂《たもと》を容《よう》赦《しゃ》なく巻き上げる。「平治《へいじ》の乱」で敗れた父、源義朝《よしとも》のことも知らず、母の懐《ふところ》で乳を求める、哀《あわ》れな牛若の泣き声よ。

しかし、この声こそ、のちに「一ノ谷《たに》の合戦」で源氏軍を率《ひき》いて叱咤《しつた》し、険《けわ》しい崖《がけ》を駆け下り、平家軍を一気に攻め破ったあの若武者《わかむしや》、義経《よしつね》の声にほかならない――。

池田は青年部の会合で「私は、義経のごとく戦ってきたつもりです」と語ったこともある（一九六八年三月十三日、日大講堂）。

吹雪の中で泣き叫ぶ牛若に、出獄直後の池田は自らの境遇《きようぐう》を重ね、必ず勝つ、という思いを託《たく》したのかもしれない。

「若き諸君のために語っておきたい」――池田はこう述べている。

「そのころ、世間は創価学会を『貧乏人と病人の集まり』とバカにしていた。それが昭和三十一年（一九五六年）の参議院議員選挙で、いきなり三人の国会議員を出した。それで驚き、権力者が学会を脅威《きようい》に感じたのでしょう」

「（立正安国論に基づく）信念から立ち上がった政界浄化の行動に対して、国家権力が学会の政治進出を抑えようとしたのが大阪事件だったと言って間違いない」（『青春対話2』普及版一四〇ページ）

神戸市外国語大学名誉教授の家正治は語る。

「三代会長の闘争は、創価学会の歴史にとって節目となるのは当然のこと、日本の人権闘争の事跡《じせき》においても、燦然《さんぜん》と輝くものでしょう。特に、昭和三十二年七月に起こった大阪事件を、（池田）名誉会長は関西の会員と共に勝ち越えられました。これは、創価学会自体《じたい》を新たな次元に高め、さらに高いレベルでの民衆運動を展開するエポック（新しい段階）となったのではないでしょうか。

その後の名誉会長の全世界的な平和のための数々の闘争の原点には、大阪での体験があったのだと思います」（二〇一二年七月二十日付「聖教新聞」）

「いいんだよ。戦いは、これからなんだよ」

出獄した池田は、来阪する戸田城聖を迎えるため、伊丹空港に向かった。関西のみにとどまらず、世界各地のＳＧＩ（創価学会インタナショナル）メンバーに今も語り継がれる「創価学会大阪大会」の開会時刻が迫っていた。

池田とともに法廷闘争に臨《のぞ》むことになった山田徹一は、この七月十七日、捏造《ねつぞう》を重ねる検察への不満を池田に訴えている。

池田は微笑《ほほえ》んでこう応じた。

「いいんだよ。戦いは、これからなんだよ」

第四章

七月十七日――「創価学会大阪大会」

秦善一《はた》は旗づくりの職人だった。

大阪の都島《みやこじま》に住んでいた。不当逮捕《たいほ》されていた池田大作が大阪拘置所《こうちしょ》から釈放《しゃくほう》される前日（一九五七年七月十六日）の夜、秦は一睡《いっすい》もしなかった。大きな白布《はくふ》に向かって、一心不乱《いっしんふらん》に筆《ふで》をふるい続けた。

「昔は、何でもできんと一人前の職人と違いましてん。半人前になるのに十年かかる商売だす」と秦は語り残している。店の暖簾《のれん》、幕、宣伝旗、海水浴場の幟《のぼり》、何でも作った。

この日、これまでにない注文が飛び込んできた。

――明日、検察に抗議する集会を行うから、立派な看板を作ってほしい。いよいよ池田先生が釈放されるかもしれない――。

二つ返事で引き受けた。徹夜で間に合わせるしかない。

秦善一もまた、大阪拘置所の塀《へい》の前に立ち尽くし、池田の身を案《あん》じ続けた一人だった。

「ほのぼのと　ええで」

秦は六人きょうだいの末っ子だった。高等小学校を卒業後、親戚《しんせき》の旗屋に奉公《ほうこう》に出た。軍に徴兵《ちょうへい》された時は、自分で「祝出征《しゅくしゅっせい》　秦善一君」という旗を作り、戦地に向かった。太平洋戦争の敗戦から二年後、大阪に戻った。実家は戦災で跡形《あとかた》もなくなっていた。呉服屋《ごふくや》を回って生地《きじ》を買い、「ハタ旗店」を立ち上げた。

少年時代からひどい吃音《きつおん》に悩まされた。一度でいいからスラスラ話してみたい。そう願っていた。一九五四年（昭和二十九年）、近所の人から創価学会の信心を勧《すす》められた。

何より苦手な「人と話す」ということに挑戦した。かろうじて、次の一言が口をついて出た。

「この信心したら、なんか知らんけど、ほのぼのとええで」

題目《だいもく》を唱《とな》え、座談会に参加するようになってからの素朴《そぼく》な実感だった。「あの秦はんが、しゃべった」。それだけで驚き、信心を始めた親戚もいた。二カ月が過ぎて、座談会で体験を話した。「話せる」こと自体が喜びだった。「わしはこの信心でしゃべれるようになったんや」。秦はこれ一本で関西中を弘教《ぐきょう》に歩いた。「池田先生が拠点《きょてん》であった我が家にお見えになったこともありました。先生が話して、二十人の新来者がいっぺんに入信した時はびっくりしましたで」（一九九二年七月十七日付「聖教新聞」）。

抗議集会の行われる大阪市中央公会堂は、ふだんから戸田城聖《じょうせい》の講義などで使われ、関西の学会員にとって慣れ親しんだ建物であり、中之島のみならず大阪を代表する名建築である。あの偉容《いよう》に負けないものを、公会堂の正面に掲《かか》げねばならない。

七月十六日の夜、秦は慎重に、太めの書体で「創」の一字を書き始めた。家族も手伝った。従業員だった馬場始（東淀川区、副本部長）。「一字だけで六畳の部屋がいっぱいでした。場内の垂《た》れ幕や式次第も含め、夜通しで仕上げました」。

秦が出来栄《できば》えに納得し、筆を置いた時には、七月十七日の太陽が大阪の街並《まちな》みを照らし始めていた。幅二メートル弱、長さ十数メートルの布に「創価学会 大阪大会」の八文字が躍《おど》っている。

書き終えたばかりの布地《ぬのじ》を抱《かか》え、九時前に中之島に向かった。北を流れる堂島川も、南の土佐堀川も、川面《かわも》が太陽に照らされて眩《まぶ》しい。土佐堀川の向こうには市電が走っている。すでに〈数えきれないほど多くの人〉（秦善一の手記）が集まっていた。

長い一日が始まった。

大阪・中之島の中央公会堂で行われた大阪大会。池田たちを不当逮捕した警察、検察の横暴に西日本各地から詰めかけた学会員たちが怒りの声を上げげた（1957年7月17日）©Seikyo Shimbun

「魔競《まきそ》はずは正法《しょうほう》と知るべからず」

「先生が囚《とら》われたあの十五日間は、ほんまに苦衷《くちゅう》の毎日でした。釈放《しゃくほう》が決まる直前まで『もしも先生が釈放されなかったら、俺たちの手で取り返すんや』と皆、本気で思っていましたよ」。一九二三年（大正十二年）生まれの青木吉市郎（大阪市旭区、総区主事）。大阪大会の前夜、必死になって連絡に走った一人である。「電話のある家なんか少なかったからね、皆、飛ぶように歩いて回りました」。

青木は太平洋戦争では海軍の船員だった。敗戦後、二十七歳で神経痛やリウマチなどで苦しみ、寝たきりになった。「狭い三畳《さんじょう》一間でした。妻はキャラメルのおまけのおもちゃを箱に詰《つ》める内職《ないしょく》をしてくれました。そんな時、白藤《しらふじ》さんというおばあちゃんに折伏されたんです。昭和二十八年の暮《く》れでした」。

宗教といえば念仏、と思っていた青木は「座談会の明るい雰囲気、元気のよさにびっくりした」と振り返る。

信心を始めたが、外に出られない。白藤の夫が会合のたびに「今日はな、こういう話があったで」と伝えに来てくれた。

やがて体も回復し、一九五六年（昭和三十一年）の「大阪の戦い」は最前線で活躍した。「偏見《へんけん》をもった新聞が、一斉に『暴力宗教』やと騒《さわ》いだでしょう。池田先生はあの時『（難が起こって）うれしいな』と言われたんです。『魔競《まきそ》はずは正法《しょうほう》と知るべからず』（＝日蓮《にちれん》が説いた一節、御書《ごしょ》一〇八七ページ）の勢いを全身にみなぎらせておられた。あの一言は忘れられません」。

「信心のおかげで蘇生《そせい》しました。もうすぐ九十歳になりますが、まだまだ元気で、人のために動かせてもろうてます」と力強く笑った。

「君が大樹になりゆくを祈る」

約二万人が駆けつけた大阪大会。準備、運営に携《たずさ》わった役員にも、参加者にも、池田から薫陶《くんとう》を受けた人々が数多くいた。

「夫は『わしがあの看板を設置したんやで』と生涯の誇りにしていました」。吉瀬慶子（平野区、総区婦人部主事）は語る。夫の吉瀬昌幸は大会当日、設営の責任者として奔走《ほんそう》した。秦善一から託《たく》された布地《ぬのじ》を、数人がかりで正面入り口に取り付けた。

大阪大会の三カ月前、忘れられない出来事があった。惜敗《せきはい》することになる参院補選。吉瀬はある地域の学会男子部の責任者だった。

〈大詰めに至《いた》り……悪質な妨害《ぼうがい》にもひるまず、種々の状況分析をしていたとき、池田先生から電話があって、矢《や》つぎばやの質問があった〉（吉瀬昌幸の手記）。後《のち》の池田の不当逮捕《たいほ》につながる買収事件が起き、大混乱していた渦中《かちゅう》である（前章で詳述）。吉瀬はまともな受け答えができず、池田からリーダーとしての考えの甘さ、誤りを厳しく叱責《しっせき》された。

〈周囲の人が私の顔をのぞきこんでいる中を、受話器を持って立ったまま、足元まで

涙がこぼれ落ちるのを止めることができなかった〉

戦いは敗れた。吉瀬はどうしても池田に会いたいと思い、関西本部を訪ねた。しかし池田はすでに東京へ出発した後だった。肩を落とす吉瀬に白木文《ふみ》が、池田室長から預《あず》かり物がありますよ、と告げた。

それは一本の扇子《せんす》だった。開くと、扇面《せんめん》に〈人生は闘争の連続である。君が大樹になりゆくを祈る　大阪春の陣　池田〉と記されていた。

生真面目《きまじめ》な吉瀬の性格を知っていた池田は、彼は必ず会いに来るだろうと思い、白木に激励の扇子を託していたのである。こんな状況で、俺のような一男子部員に、ここまで心を砕《くだ》かれるのか――吉瀬は信じられない思いで扇子を見つめた。

◇

「私は公会堂の正面左側で人の流れを整理しました」。仲尾行雄（奈良、県主事）は、やって来る人々を誘導《ゆうどう》しながら、大会の半年ほど前の光景を思い出した、と語る。

「あれは冬でした。先輩の有馬猶二郎《なおじろう》さん、のぶさんご夫妻（初代の奈良支部長、支部婦人部長）に連れられて、関西本部に行ったんです」。戸田城聖のもとを訪れ、種々懇談《こんだん》した。

戸田は「青年は大作に会いなさい」と言った。ちょうど別室で池田を中心に青年部が十数人集まり、懇談会の最中だった。仲尾は奈良男子部の先駆けの一人である。「大作さんというのはどんな人だろう」と思いながら懇談会の輪《わ》の中に入った。

池田は仲尾の話にうなずき、「苦労をかけるが、頼むよ」と声をかけた。「うまく表現できませんが、『体に電流が走る』とはこういうことか、と思いました」と仲尾は振り返る。「入会して一年余りでしたが、あの真剣さ、誠実さに圧倒された。だから大阪事件は絶対に許せなかった」。

なぜ無実の人を捕まえるのか。怒りを抑《おさ》え、池田の釈放を心待ちにした七月十七日、公会堂前で仲尾たちは増えるいっぽうの参加者の列を整理するため、懸命に声をかけ続けた。

救護班《きゅうご》だった美馬律子(奈良、支部副婦人部長)。大阪大会の九日前、池田が東署から大阪拘置所に移送される際、車に乗り込む姿を見ている。

「離れた電柱の陰《かげ》から見守るしかありませんでした。しかし、先生は気づかれ、うなずき、持っていた扇子をかざして『わかっているよ』と応じてくださった。ご自身が大変な状況なのに、逆に励まされてしまいました」

「生涯、忘れまいぞ」

大阪大会を決行することは数日前に決まっていたが、七月十七日に池田が釈放されるかどうかはまだわからなかった。

北側照枝（平野区、総県婦人部主事）は自宅の物干《ものほ》し場で洗濯物《せんたくもの》を干していた。「池田先生が釈放されるで！」と連絡を受け、思わず洗濯物を投げ出したという。「四歳の一雄、二歳の正廣の手を引き、九カ月の修を背負《せお》って転《ころ》げるように拘置所へ向かいました。とにかくうれしかったんです」。

立花丸子（東大阪市、総県婦人部主事）は午前七時すぎに「室長が出てこられるかもしれない」と電話を受け、近くの学会員宅へ連絡に走った。「八時には家を出ました。朝からカンカン照《で》りのえらい暑さでした。大阪拘置所のすぐ近くに差し入れ用の売店があり、そこのおばあさんが『こんな大勢の人が来るのは初めてや。よっぽど偉い人が出てくるんやな』と言っていました」。

炎天下《えんてんか》である。

東京大会にも参加した婦人部の福住ふさゑは〈午前中〉赤レンガの裁判所のまわ

りを、ぐるぐると何度回ったことか〉と書き残している。〈朝から照りつける太陽が真夏を思わせ……「この暑さで先生はどれほどお疲れになっていることか」と思っただけで、泣けて泣けて仕方ありませんでした。ノドはカラカラに渇《かわ》き、角のパン屋で牛乳を買って飲もうとしましたが、胸につかえて飲めません〉。

そのパン屋の店主は福住に「長い間ここで商売をしているけれども、こんなにたくさんの出迎えは見たことないわ」と言い、誰が釈放されるのか尋《たず》ねた。

〈この時ばかりとおじいさんに話しました。一人でも多くの人に池田先生の無実を知ってほしかったのです〉（福住ふさゑの手記）

日盛《ひざか》りの道を、人々の波が埋《う》めていく。「まだかまだかと背伸びしたり、そばにあった石の上に乗ったりしていました」（北側照枝）。

「正午過ぎ、大阪拘置所の鉄の扉《とびら》が開きました。池田先生の奥様は一番前で待っていらっしゃいました。本当にご心配だったと思いますが、明るく振る舞っておられました。素早く先生に駆《か》け寄った奥様の後ろ姿が、いつまでも印象に残っています」と北側は回想する。

◇

「出獄された先生の姿を見た瞬間、『ああ、少し細くなられた』と思いました」（立花

丸子）

沸《わ》き起こる歓声の中で、面谷裕之（大阪市港区、地区幹事）はカメラのピントを拘置所の扉に合わせていた。聖教新聞関西支局の通信員だった。「あのころはヤシカフレックスという縦長《たてなが》のカメラで撮《と》っていました。飯島さんという先輩と一緒に取材しました」。釈放された池田の前に回り込み、ゆっくりとした池田と香峯子の歩調《ほちょう》に合わせ、後ずさりしながら夢中でシャッターを切った。

面谷は中学二年の時に和歌山から大阪に出て、紙屋に住み込みで働いた。一九五四年（昭和二十九年）に信心を始め、趣味の写真が座談会で評判になり、通信員になった。

「フラッシュがうまく同調しない時、電池が残っているかわからんので、カメラとの接続部《せつぞくぶ》に舌先《したさき》をつけるんです。するとビリッと電流が走り、フラッシュが光る。そんな試行錯誤《しこうさくご》ばかりでした」。取材も慣れないことの連続で、御書《ごしょ》（日蓮の遺文集《いぶんしゅう》）講義中の戸田城聖の目の前でうっかりフラッシュをたいてしまい、一喝《いっかつ》されたこともある。

「私は当時、池田先生が勾留《こうりゅう》された深い意味まではわからんかった。ただ、集まった人々の熱気に包まれながら、この光景は絶対に残さなあかんと感じた。とにかく必死で撮りました」。大阪大会の開始前、中央公会堂に大勢の人が集まっている写真は、近くの木によじ登って撮影した。

面谷は翌年秋、関西で行われた体育大会に参加した池田を撮影した。「自分なりに上手《うま》く撮れた先生の写真を大きく伸ばして、大田区のご自宅に郵送したんです。すぐに奥様の代筆《だいひつ》で返信が来ました」。

香峯子の文面には――今年の関西体育大会の唯一の記念写真です。あまり大きいので、細かいところまではっきりうつっていて、はずかしいと申しております……これからの寒さにも負けず、毎日の生活を楽しく励んでくださいと伝言でございます――と記《しる》されていた。

「幹部でもない自分宛《あ》てに、こんな丁寧《ていねい》な礼状が来たので驚きました。『ああ、池田先生という方は、こういう方なんだ』と実感しました」

◇

宮崎から参加した横山嘉寿美と山田千鶴（前章で詳述）。この時、池田を初めて目にした。宮崎まで来てくれる大阪の先輩から、折《おり》あるごとに「池田先生も『不可能を可能にする信心』と言われてはるんや。一緒にがんばろな」と励まされてきた。

「どれほど憔悴《しょうすい》されているだろうかと心配していました。しかし一人ひとりに『ご心配をおかけしました』と声をかけながら、堂々と歩いておられた。先生はどんな状

況でも同志を励ます人です。あの場に居合わせた感動は今でも忘れません」（山田千鶴）

原爆《げんばく》の後遺症《こういしょう》に苦しんできた横山は「あの七月十七日から、私の信仰の目的は変わったとです。自分のための祈りが、人のために変わりました」と語る。

後年、横山は学会活動に励みながら、「県原爆被害者の会」の理事などを務めた。今も一年に数回、延岡市内の中学や高校で、戦争と原爆の悲劇を語り続けている。

池田は日記に〈この日、十七日――午後の十二時十分――出所す。大阪の同志数百名が、迎えに来てくれる。嬉《うれ》し〉〈大阪の友のこと、また東京より、心配して、馳《は》せ参《さん》じてくれた友のことは、生涯、忘れまいぞ〉と記した。

〈助けて勝ち　助けられて　進むなり〉

この日の池田の日記は〈午後一時三十分、伊丹空港へ、（戸田）先生を、お迎えに行く〉と続いている。空港に到着した戸田城聖は開口一番、音楽隊は来ているか、と確かめた。

音楽隊の有島重武たち約四十人は十七日の早朝、すでに夜行列車で来阪していた。

〈ウイークデーなので、人選に苦慮《くりょ》した記憶がある。自営業のメンバーを中心に編成《へんせい》した〉（有島重武の手記）。関西本部に着いた有島たちは勤行の後、関西の同志が用意してくれた心尽《こころづ》くしの卵かけごはんをかき込んだ。〈（中之島へ向かうには）早すぎるのではという声もあったが、一刻《いっこく》も早く会場を見たい思いで、中央公会堂に赴《おもむ》いた〉（同）。

すでに大勢の参加者が詰めかけていた。案内役の沖本泰幸が、堂島川の向こう岸を指さした。「あの建物が、池田室長が拘束《こうそく》されている（大阪）地検《ちけん》ですよ」。

午前中、有島たちは大阪地検にいる池田に聞こえるように、堂島川に向かって渾身《こんしん》の演奏を続けた。〈朝から弁当、水筒《すいとう》をさげて親子四人で中之島へ行きました。午前九時半ごろ中之島に着きますと音楽隊がドンドンと大阪地検の方に向かって演奏していました〉（池波文子の手記）。

◇

戸田城聖の体調は、決して良いとは言えない状態だった。「お身体《からだ》は痩《や》せられ、声はかすれ、階段を上がられるのも大儀《たいぎ》そうでした」。当時、学会本部に勤《つと》めていた山浦千鶴子（東京都小平市、総区婦人部主事）が回想《かいそう》する。

「食事も流動的なものを取られることが多く、栄養剤も取られていました。インスリンの注射《ちゅうしゃ》もされていました。それは太い注射で、皮膚《ひふ》には針《はり》のあとが痛々《いたいた》しく残っていました。それでも戸田先生は毅然《きぜん》として指揮を執《と》られました」

関西本部に戻った池田は、ドアを開けるなり「ただいま!」と言い、戸田も「帰ったよ」と声をかけた。

「関西本部の管理者だった父（=福生伊八）は、池田先生が広間で題目を三唱した後、畳《たたみ》をなでて『家はいいなあ。本部はいいなあ』としみじみ言われたことを、よく話してくれました」（福生謙一。大阪市鶴見区、副本部長）

この時、戸田は出獄したばかりの池田にかき氷をふるまった。福生伊八は〈戸田先生の真心には、胸が痛くなるような思いが迫《せま》ってきた〉と書き残している。学会では関西にかぎらず、今も七月十七日にかき氷を食べる人が少なくない。

「あの日のかき氷は、父が用意させていただいたと言っていました」と富井保亘（大阪市城東区、副ブロック長）が語る。当時、関西本部の向かいに「とみや」という大衆食堂があった。店主の富井敬一が保亘の父である。「メニューは丼ものとか焼きそば、お好み焼きなど。うどんが一杯三十円くらいだったと思います」。

富井敬一は太平洋戦争でシベリアに抑留《よくりゅう》された。ラーゲリ（強制収容所）でロシア語を覚え、簡単な通訳《つうやく》もやった。「父は理屈屋《りくつや》で、戦後、学会の座談会に誘われるたびに『今日も勝ったぞ』と言って帰ってきた。何度も幹部をやり込めたようでした」(次男の俊亘)。生野区、地区幹事)。白木義一郎たちと何度も対話を重《かさ》ね、敬一はまず妻に信心を勧めた。しばらくして自分も始めたが、熱心ではなかった。

しかしある日、興奮した口ぶりで「あの人はすごいで」と家族に言った。「関西本部に来られていた池田先生が、父の食堂でご飯を食べ、いろいろ懇談してくださったんです。父が変わったのはそれからでした」(俊亘)。

◇

敬一に真っ先に信心を勧めたのは、先に入会していた兄の富井厚至だった。鶴橋駅前で「みどり屋」という食堂を営《いとな》んでいた。厚至の次女の井上清子(生野区、支部副婦人部長)が振り返る。

「父は社交的な半面、人のよすぎるところがありました。食品組合のある人から頼まれ、店を抵当《ていとう》に入れてお金を貸したんです。しかし、その人がお金を使い込んでしまい、家族そろってテント暮らしになったことがありました」

十一人家族だった。立ち退《の》き先もなく、役所に頼み込み、差し押さえられた店の前に一時的にテントを張った。転居先が決まるまでの半年ほど、ご飯と塩昆布《しおこんぶ》だけの日が続き、雨が降るとテントの中で傘を差した。近所からは「創価学会に入ればどうなるか知りたかったら鶴橋駅のガード下へ行け」と揶揄《やゆ》された。

後年、富井厚至は池田と懇談した際、テント暮らしの苦境《くきょう》の日々を語った。池田の「知ってるよ。ぼくも行ったよ」という一言に、厚至は絶句《ぜっく》した。厚至が不在の時に、池田は一家の住むテントを訪れたことがあったのである。

「先生は、関西の学会のことを本当にすみずみまでご存《ぞん》じだったのだと思います」と四男の富井修（天王寺区、副支部長）は語る。厚至の八人の息子たちは独《ひと》り立《だ》ちした後、学会活動と仕事に励み、全員が自分の家を建てている。

池田は釈放後、勾留中に読んだ何冊かの本を関西の同志に贈った。そのうちの一冊、フランスの詩人ビクトル・ユゴーの選集（『世界文豪讀本全集　ユウゴオ篇』第一書房）には、池田の跳《は》ねるような筆跡で次の言葉が記されている。

〈正義乃《の》戦ハ一生續《つづ》く　助けて勝ち　助けられて進むなり〉

「ただいま戻ってまいりました」

「ずいぶん早く着いたつもりでしたが、もう公会堂を二重三重に、ぐるりと人が取り巻いていました」（東野末一。東大阪市、総県主事）

公会堂に入りきらない参加者のため、土佐堀川沿いの難波橋まで広がるスペースに臨時《りんじ》会場が用意された。

堺支部の藤島廣通がマイクロホンを準備し、公会堂から臨時会場までの配線に苦労を重ねた。「父はかつて電気計測器の町工場を営んでいました。夏になるとよく大阪大会の歴史を話してくれました」（次男の藤島正廣。東大阪市、支部長）。藤島たちは公会堂の南口から土佐堀川沿いまでマイクコードを引き、テニス場を越えたところでアンプと二台のスピーカーにつなげた。

◇

西日本の各地からも続々と人が集まった。前年の五月、大阪支部が「一万一一一一世帯」という未曾有《みぞう》の弘教を成し遂げたことはすでに述べた。岡山からバスをチャーターして参加した黒田精将（倉敷市、圏主事）や河本一郎（津山市、圏主事）は、この「一万一一一一世帯」の一人である。

今では信じられないことだが、河本たち津山に住んでいた男子部員は当時、大阪まで自転車で行き来《いき》したこともある。「津山の自転車隊」と呼ばれた。「朝五時に城下町《じょうかまち》の津山を出て、夜の八時に大阪の拠点に着きました。汽車に乗るお金がなかったからね」と河本は笑う。「大阪大会では役員として正面入り口の整理、誘導を担当しま

大阪大会の開会２時間前には場内が満員になり、土佐堀川沿いの広場に参加者があふれた。このあと、激しい雨に見舞われた（1957年７月17日）©Seikyo Shimbun

した」。

高知から参加した久保貞美（地区副婦人部長）は「一万一一一世帯のうち、二人分は私の折伏《しやくぶく》です」と笑顔で語る。「母と前日から六時間かけて香川の高松まで行き、連絡船で岡山側へ渡り、山陽本線に乗って大阪に入りました。高知からは二十人ほど参加したのではないでしょうか」。

混雑する公会堂の前で、男子部員たちが整理にあたっていた。「交通量の多い道路沿《ぞ》いに、手をつないで道をつくっていました。私たちを守ってくれているようで心強かったのを覚えています」。

〈公会堂には入れず、外の並木《なみき》の舗道《ほどう》に立っていた……検察庁の窓には鈴《すず》なりの人の顔がならんでこちらを見ている〉（太田和子の手記）

開会の時間が迫っていた。

◇

〈（公会堂に入れず）堂島川べりの横三列の最前列に並んだ〉という婦人部員の手記には、地下鉄の淀屋橋駅から中央公会堂まで、参加者の長蛇《ちようだ》の列ができたと綴《つづ》られている。

〈向こうの道路が、にわかに騒《さわ》がしくなった〉――池田が早足で公会堂に向かっていた。〈スルスルと列の中に分け入り、ちょうど私たちの目の前で止まられた。わざわざ端《はし》の方にいたわずかな学会員に向かって「ただいま池田が戻ってまいりました」とあいさつされた〉。

そして池田は両手を振り上げ、勢いよく学会歌の指揮をとり始めた。〈大半の人が地検の方向に向かう姿勢で大合唱した〉。池田が急ぎ足で公会堂の中へ消えていく。あっという間の出来事だった。

しばらくして、臨時《りんじ》に設置されたスピーカーから音楽隊の勇壮《ゆうそう》な演奏が聞こえ始めた。

「まるで路上から吹き上げるような大雨でした」

大阪大会が始まった。開会の辞《じ》の後、まず「夕張炭労事件」と「大阪事件」の概要《がいよう》について報告があった。続いて関西総支部長の白木義一郎が、警察、検察による冤罪《えんざい》事件を糾弾《きゅうだん》した。

――関西が一番お世話になってきた池田室長が逮捕されたことは、青天《せいてん》の霹靂《へきれき》であった。獄中闘争の間、真相《しんそう》がわからず、いい加減な話をするわけにもいかず、関西の同志は沈黙《ちんもく》を続けざるをえなかった——白木がそう語った直後のことだった。

耳を圧《あつ》するような轟音《ごうおん》が、公会堂の場内を震《ふる》わせた。雷鳴《らいめい》である。朗々《ろうろう》とした白木の声が聞きとれなくなるほどの大音量だった。場内にいた立花丸子は「とてつもない雨と稲妻《いなずま》でした。公会堂の窓ガラスは、戦争中に焼夷弾《しょういだん》が落ちた時のようにビリビリと鳴《な》りました」と語る。

火柱《ひばしら》のような閃光《せんこう》が走り、何度も中央公会堂の赤レンガと銅板《どうばん》の屋根を照《て》らし、場外の参加者の傘や濡《ぬ》れた顔を照らした。開会前、場外のスピーカーの電線を張った岡崎暢茂。大会中は北浜の難波橋で人の流れを誘導したが〈一緒に整理にあたってい た警官は、いちはやく雨をしのいでいた〉(岡崎暢茂の手記)。それほど激しい雷雨だった。

久野勇(阿倍野区、総区主事)は妻と生後四カ月の長女とともに参加した。「土佐堀川沿いにあったテニス場のあたりです。スピーカーの音が雨や雷でかき消されてしまって、中の様子はあまりわからなかった。それでも帰ろうとする人はいなかった」。小木曽トシ子(大阪市北区、婦人部副本部長)は〈まるで路上から吹き上げるような大雨でした〉と書き残している。〈両手に子どもの手をしっかり握《にぎ》って参加しました。土佐堀川の河川敷《かせんじき》で、どの人も身じろぎ一つせず、スピーカーに耳を傾《かたむ》けていた光景

大阪拘置所の池田に、矢追久子が差し入れた「御書」。差し入れ許可を示す証書が貼られている。勾留された房名や称呼番号「三七四四」などの表記が見える ©Seikyo Shimbun

が印象に残っています〉。

十六歳だった松本貞子（守口市、圏副総合婦人部長）。「アルバイトして貯《た》めたお金で買ったばかりの御書《ごしょ》を抱《かか》えて参加しました。大阪大会の後しばらくは、ゴワゴワになったままの御書を使いました」と笑う。

島田アサコ（奈良県橿原市、婦人部副本部長）は、当時四歳の三恵子をおぶって参加した。「今で言うと心身症《しんしんしょう》だと思うのですが、乗り物が怖《こわ》くて乗れませんでした」。その症状が原因で夫から離婚《りこん》を迫られた。

「阪大病院にも行きましたが治《なお》らなかった。そんな時に学会の座談会に行ったんです」。夫と別れ、右腕が不自由な母と病弱な一人娘を抱え、アサコは学会の信心を選んだ。八十八歳の今も元気に活動する。

大阪大会は親しい先輩から「この会合に行かへんかったら、一生後悔するで」「池田先生が今日、出て来《き》はるんや」と誘われた。背中におぶった三恵子のサンダルが、雨で水かさの増していた土佐堀川に落ちた。「男子部の整理役員の方が、急いで手を伸ばしてすくい上げてくれました」。

大阪大会から帰宅する時、島田は「あれだけ乗るのが怖かった市電《しでん》も不思議と気にならなかった」と語る。その後、少しずつ学会活動に参加する中、心身症は薄紙《うすがみ》をはぐように改善し、三年ほど経《た》って完治した。

◇

白木義一郎が冤罪《えんざい》の不当を訴え続ける間、雷鳴は太く、低く、唸《うな》り続けた。次の登壇者の番になっても、さらに雷鳴は続いた。

地鳴《じな》りのような鈍《にぶ》い音が会場を震《ふる》わせ、それが場内の拍手なのか、雷鳴なのか、わからなくなる時もあった。

池田は後年、「あの嵐は、私の人生を象徴《しょうちょう》していたようにも思う」と語った（『池田大作全集』第八十六巻）。天王寺区の関西本部で留守番をしていた福生伊八は〈私も妻も、雷の記憶はほとんどない。中之島界隈《かいわい》が特に激しかったのでは〉と書き残している。

京都からチャーターバスで参加した藤井藤義。前日からの雨で水かさの増した川べりで、足をすべらせる人の様子を書き残している。〈だれも口を開かない。ただじっと、かすかに聞こえてくる拡声器からの声に必死に耳を傾けていた〉。

紙谷忠司は公会堂正面の整理役員だった。大阪の東住吉区に住んでいた。二週間前、池田逮捕の報《ほう》を聞いた時には〈悔しいがどうしようもない。自分の無力《むりょく》をいやというほど思い知らされた〉（紙谷忠司の手記）という。大阪大会の最中、〈天の一角《いっかく》が破《やぶ》れたか〉と思うほどの雨に打たれながら、続々と集まる人々を川沿いの野外会場に誘導した。〈誰一人として帰る者もなく、ズブ濡れになりながら、庶民の精一杯《せいいっぱい》の抗議がそこにあったと思う〉と書き残している。

公会堂の場内では何本かの祝電が紹介され、いよいよ池田が出獄の挨拶《あいさつ》に立った。その時、司会が戸田城聖の入場を告げた。

一杯の水

壇上に立った池田の前を、上手《かみて》から入場した戸田が、微笑《ほほえ》みながら横切っていく。万雷《ばんらい》の拍手《はくしゅ》が止《や》んだ後、司会が一呼吸置いて池田の登壇を告げた。再び拍手が場内を圧《あっ》した。二十秒以上、鳴り止まない。池田が「皆さま……」と話し始めても、まだ終わらなかった。

池田は「場外の皆さま。場外の同志の皆さま。しばらくぶりでございました」と呼びかけている。そして遠慮がちに「お水を一杯……しばらくですから……」と言った。

おもむろに戸田城聖が椅子《いす》から立ち上がり、演壇のコップに水差しで水を注《そそ》いだ。戸田が自《みずか》ら水を入れるとは、誰も思っていなかった。公会堂はこの日最も大きな拍手に包まれ、これも二十秒ほど鳴り止まなかった。壇上で微笑む戸田の印象を、冨岡と志は〈(池田先生を)いとおしくてたまらない、頼もしい、とばかりに、度《ど》の強い眼鏡《めがね》の奥から細めた眼差《まなざ》し〉と書き残している。喉《のど》をうるおした池田は、再びマイクに向かった。出獄直後であり、戸田から事前に「きょうは短めでいい」とアドバイスされていた。

大阪大会で登壇した池田（1957 年 7 月 17 日、大阪市の中央公会堂）

場外の臨時会場にいた山下通夫。「夕方五時に大阪高裁の郵便局の仕事が終わると、一目散《いちもくさん》に公会堂へ走りました。池田先生の声がスピーカーに流れたころは、全身ズブ濡れです。でも一人として立ち去る人はいなかった」と語る。

「私の前のご婦人は、子どもをタオルで巻き、胸の下にかき抱《いだ》き、背を丸めて大雨を受けておられた。胸の底から熱いものが吹き上げてきて仕方なかった」「『敗《ま》けて泣くより、泣いて勝とう』という関西の伝統は、この大阪事件の苦闘の中で本物になっていったのだと思います」

◇

山下たちの頭上に「大悪《だいあく》をこ（起）れば大善《だいぜん》きたる……」（御書一三〇〇ジ《ペー》）と、日蓮の言葉を引用する池田の声が響いた。「さらに、より以上の……信心で、皆さまとともに……邁進《まいしん》しゆく決心で……」。場内外の二万人が、耳をそばだてている。ぶっっ、ぶつっという雑音の向こうから、スピーカーは池田の声を伝え続けた。

最後に池田は渾身《こんしん》の力《ちから》を込めて「……最後は信心しきった者が、大御本尊様を受持《じゅじ》しきった者が、また、正しい仏法が必ず勝つという信念で、やろうではありませんか！」と叫《さけ》んだ。場内にいた北側義一（平野区、総区主事）は「あの先生の声が雷鳴のようだった」と語る。

池田の声を、この大阪大会で初めて聞いた人も多かった。福井から参加した中河ひろ子（大飯郡、県婦人部主事）。五カ月前に信心を始めたばかりだった。

太平洋戦争の敗戦時、中河は女子挺身隊《ていしんたい》として満州（現在の中国東北部）にいた。十八歳だった。虐殺《ぎゃくさつ》と略奪《りゃくだつ》に遭《あ》い、七十人の仲間のうち三十三人が命を落とした。その凄惨《せいさん》な体験は学会婦人部の反戦出版（『引き揚げ編　あの星の下に』第三文明社）に詳《くわ》しい。文字通り死線《しせん》をくぐり抜けた中河は、結婚後も苦労が続いた。「次女の脳水腫《のうすいしゅ》、母の頭痛、夫の酒の量の多さ……さまざまな悩みがありましたが、夫婦で信心を始めて、徐々に、すべてが快方《かいほう》に向かいました」。

所属する舞鶴《まいづる》地区の人々から「学会にはすごい人がいる」とは聞いていた。一度も会ったことはなかった。大阪大会は「池田というすごい人をしっかり見ておこう」と誘われた。「場内で初めて先生の声を聞きました。あのすごい気迫に感動して、帰りの汽車でも夫婦で『よし、うちらも帰って折伏しよう』と話し合いました」。

中河夫妻は、その後の三年間で嶺南地域の学会員を一〇三世帯にまで広げた。小浜支部の初代支部長、支部婦人部長などを歴任《れきにん》し、若狭一帯を支える柱となっていく。

◇

最後に登壇した戸田城聖は「会長質問会」を開いた。「思うままに私に聞いてください」と語りかける戸田に対して、たくさんの手が上がった。検察の態度《たいど》に納得できないという質問には「(検察は)けしからん!」と応《おう》じ、大新聞をはじめとするマスコミを強烈《きょうれつ》に批判した。

戸田の悠然《ゆうぜん》とした質疑応答《しつぎおうとう》に安心した参加者からは、「勤行《ごんぎょう》の順番について」「供《く》養《よう》の精神について」など、ふだんの信仰をめぐる質問が飛び出した。少々場違《ばちが》いな質問にも、戸田は笑いながら一つずつ丁寧《ていねい》に答えた。

質問会を終えて演壇から離れた後、戸田はもう一度マイクに近づき、「こっち(=事件)のことなんか心配しないで、自分たちが幸せになりなさいよ」と参加者に呼びかけた。怒りや不安に左右《さゆう》されることなく、信仰の王道《おうどう》を進むよう、戸田は念《ねん》を押したのである。この日、何度も場内を揺《ゆ》るがした拍手がもう一度、公会堂に響いた。

◇

小山照子(大阪府交野市、総県婦人部主事)は昼に池田の釈放を出迎えた後、マスコミ関係者の応対を手伝った。「開会前、控《ひか》え室の新聞記者さんに冷たいお茶とおしぼりを配《くば》ってまわりました。でも皆さんプイッと横を向いちゃって、誰一人として『ありがとう』とか、言葉の一つもない。靴《くつ》をはいたまま机の上に足を投げ出す記者までいました」。

記者たちは公会堂の二階席に陣取った。博多敏雄（八尾市、副県長）はマスコミ対応で彼らの隣に座っていた。「ある新聞社の記者は、戸田先生のあまりの剣幕《けんまく》に顔色を変え、途中で席を立ちかけました」。博多は「あなたも記者なら、最後まで聞いてから帰ったらどうですか」と引き止めた。

大会が終わり、取材陣を見送った博多は、さっきの記者から声をかけられた。「それまでの学会を見下《みくだ》した態度ではなく、『説明してほしい』と頼まれました。彼は帰り際《ぎわ》、場外の人たちの姿を目の当《ま》たりにしたんです」。——公会堂の場内まで震えるような雷鳴と豪雨の中で、どうしてこれほど多くの人が帰らずに参加し続けたのか。そう記者に問われた。「私はうれしくて『見てください。雨が降ろうが嵐が吹こうが、庶民を守るために戦うのが創価学会なんですよ。しっかり書いてくださいよ』と一《いっ》生懸命《しょうけんめい》話しました」。

「今度は勝とうな！」

大会が終わり、壇上から退場した後も池田は動き続けた。そばにいた青年部の役員に「一緒にいらっしゃい」と声をかけ、階段を駆け上がった。「激しい雷雨にもたじろがず、参加し続けた方々を励ますためです。足早に向かう池田先生に、必死になってついていきました」（栗原明子、関西婦人部総主事）。

中央公会堂の正面上方には、窓が三つある。池田はそこから上半身を乗り出し、場外で待っていた人々に大きく手を振った。

青木新造（此花区、副区長）は土佐堀川を挟《はさ》んだ対岸の北浜三丁目で誘導係をしていた。

「市電の『北浜二丁目駅』と『北浜三丁目駅』からどんどん人が出てきました。大会の最中は土砂降《どしゃぶ》りで信号もよく見えなかった」と語る。「あの時、公会堂の窓から手を振る先生が見えました。豆つぶほどの小ささやけどね。もうそれだけでうれしかったなあ」。

池田は公会堂の窓から「ご心配かけましたが、私は元気です」と呼びかけた。和歌山から参加した西浦光信（和歌山市、副支部長）は、「正義は必ず勝ちます。みんなで頑張りましょう！」という池田の叫びに〈どの顔も雨と涙にまみれていたが、『絶対に負けない』との決意がみなぎっているようであった〉と記している。

池田のそばに立っていた場内役員の栗原や近江紋子らは、場外の熱気と、地響きのような大歓声に圧倒された。「ああ、この絆は誰にも絶対に切ることができない。崩されてはならない、と思いました」（栗原明子）。

◇

さらに池田の動きは止まらなかった。音楽隊長の有島重武が呼ばれた。池田がこれから場外を回るという。有島は急いで螺旋《らせん》階段を下りて、外に飛び出した。すでに雨は上がっていた。その瞬間の様子を、堺の婦人部で草創《そうそう》から活躍した里内総子が書き残していた。〈場外の同志はワーッと取り囲《かこ》み、あちらこちらで学会歌の合唱が聞かれた。私も必死に走った〉。

音楽隊は急いで隊列を整《ととの》えた。「先生が学会歌の指揮をとり、私たちも全力で伴奏《ばんそう》しました。終わると、また別の場所に移動され、場外の広場を一周しました。最後には、玄関先の石段の前で演奏を繰り返しました」（有島重武の証言）。

中央公会堂の前で、群衆の中でもみくちゃになりながら、池田は「今度は勝とうな！」「今度は勝とうな！」と繰り返していた。その声が里内の耳にも響いた。〈つい先ほどまで牢獄《ろうごく》にいたとは思えないほど力強く、澄《す》んだ声だった〉〈今も耳朶《じだ》に残っている……「人生は勝つこと」――あの日に教えていただいた指針は今も、人生を開く生命の宝となって輝いている〉（里内総子の手記）。

〈公園にいる学会員に、上の道から「ご苦労さま」と力一杯《ちからいっぱい》手を振ってくださいました。その姿は胸に焼きつき、生涯忘れることはできません〉（大西トミコの手記）〈嘘《うそ》のように晴れ上がった空には星が美しく輝いていた……誰歌うともなく大合唱になった声は堂島川の川面《かわも》にひびきわたった。「いろいろ御心配をかけました。早く帰って休んでください」とあたたかい言葉を残して、先生は立ち去られた〉（後藤幸子の手記）

「猛然《もうぜん》と次の戦いにそなえて居《お》ります」

幸田利子（西宮市、総県婦人部主事）はこの大阪大会の直後、池田から一枚のはがきを受け取っている。そこには〈私は獅子《しし》の子です　猛然《もうぜん》と次の戦いにそなえて居《お》ります〉と記されてあった。「大変なご苦労のなかで、先生は身をもって信心の厳しさを教えてくださいました」。九十四歳の幸田は「その後の人生で思い悩んだ時、行き詰まった時、そのたびにこのはがきを読み返し、読み返し、生き抜いてきました」と語っている。

◇

〈その夜の関西本部は、蘇《よみがえ》ったように活気に満ち、戸田会長の豪快《ごうかい》な笑いが、今も耳もとに残っている〉（福生伊八の手記）――約八カ月後、戸田城聖はこの世を去る。池田は最愛の恩師を失った後、長く続く裁判闘争を抱えながら、創価学会の総務として、そして第三代会長として、世界を視野に入れた休みなき闘争へと躍《おど》り込んでいく。

治安維持法《ちあんいじほう》違反と不敬罪《ふけいざい》によって囚《とら》われていた戸田が出獄したのは、太平洋戦争の敗戦直前、一九四五年（昭和二十年）七月三日だった。

池田が大阪事件で入獄したのは、十二年後の同じ七月三日である。

のちに池田は、次の一句を関西青年部の代表に贈った。

〈出獄と　入獄の日に　師弟あり〉

第五章

裁判開始——恩師の死を超えて

「池田先生が大阪で手錠《てじょう》姿のまま路上を引き回された様子は、静岡の私たちにも伝わっていました」。八十三歳の木村はつ江（富士市、支部副婦人部長）は、義母の松江から「明日、東京に戻られる池田先生をお迎えに行こうと思う。何を持っていこうかね」と相談されたことを鮮明《せんめい》に覚えている。

一九五七年（昭和三十二年）七月十八日。不当逮捕《たいほ》された池田大作が出獄《しゅつごく》した翌日である。池田の乗った列車が十九日に沼津駅で停車するという連絡が入っていた。

二十五個の桃

はつ江は「今、八百屋《やおや》の店先に桃《もも》が出ていますよ」と答えた。松江と二人で木箱《きばこ》に二十五個の桃を詰《つ》め、はつ江が嫁入《よめい》りの時に持ってきた唐草模様《からくさもよう》の風呂敷《ふろしき》に丁寧《ていねい》に包んだ。「木村松江さんは信心ひと筋の大先輩でした」。杉山時子（沼津市、県婦人部総合長）が語る。「松江さんはあの日、いったん大阪寄りの浜松まで出て、東京行きの列車に乗り、車掌《しゃしょう》さんに手伝ってもらって先生の席を探したそうです」。

池田はこの前日（七月十八日）、日記に〈大阪――在、関西本部。疲れ、重々。様々な人あり、様々なことを、漠然《ばくぜん》と考える〉と綴《つづ》っている。十七日に大阪拘置所《こうちしょ》から出獄し、豪雨《ごうう》の大阪大会を終えたばかりである。戸田城聖《じょうせい》の御書《ごしょ》（日蓮《にちれん》の遺文集《いぶんしゅう》）講《こう》義《ぎ》にも久々に参加できた。〈先生の力強《ちからづよ》き講義を、久しぶりに聞く。先生の寿命《じゅみょう》を、一人、心配しながら。……私は、先生を念《おも》った。学会本部を念った。自己を、犠牲《ぎせい》にしながら。今回の検事の調べは、あまりにも謀策《ぼうさく》である。次第に、憤怒《ふんぬ》の情が、湧《わ》いてくる〉。

これから待ち受ける法廷闘争と、創価学会の未来を背負っての帰京だった。その車内に、大きな風呂敷包みを抱《かか》えた木村松江が現れたのである。思いがけない贈り物に、池田と妻の香峯子は深々と頭を下げた。

◇

木村松江は当時、文京支部吉原地区の地区担当員（現在の地区婦人部長）だった。夫の和作とともに、東京の板橋で一九三九年（昭和十四年）に入会している。和作は国鉄で特急の車掌だったが、過労《かろう》のためか、三十九歳で早世《そうせい》した。

「母（松江）は、池袋での会合に出席された牧口先生に、私の勉強のことで相談したことがあります」。入会当時十歳だった木村進（富士市、副圏長）が語る。初代会長の牧口常三郎は帰り道に、進の手を引いて歩きながら「何でもいいから、よく本を読みなさい。また、ものごとは納得するまでやりなさい」「成績は（気にしなくて）いいから本を読んで、自分が納得するまでやって、前に進んでいきなさい」とアドバイスしたという。

夫を亡くした後、松江は夫の実家がある現・富士市に移り、紙の行商《ぎょうしょう》を営《いとな》んで四人の子どもを育てた。敗戦後の混乱期、信心から離れたが、今度は松江の妹、関春子（大阪市天王寺区、支部副婦人部長）が学会に巡《めぐ》りあった。「文京支部の石井さんというおばあちゃんに折伏《しゃくぶく》されました。その後、姉の家に行ったら（日蓮）大聖人《だいしょうにん》の御本《ごほん》尊《ぞん》があってびっくりして」。九十五歳の春子が朗《ほが》らかに笑う。

春子は地元の地区部長に頼んで、姉の松江を戸田城聖のもとに連れていってもらった。「姉はもともと情熱的なので、やりだしたら一直線でした」。松江は「山口闘争」（単行本『民衆こそ王者』第四巻で詳述）にも十日間、参加している。

◇

桃の箱を抱えた松江を沼津駅から送り出した後、木村はつ江は昼頃、長男の国夫を抱いて、再び沼津駅に向かった。「着いた時にはもう三十人から四十人が集まっていました」。

夫の木村進も夜勤《やきん》明けで駆けつけ、人の整理を手伝った。駅員から「今日は何かあるんですか?」と聞かれたはつ江は、池田が釈放《しゃくほう》されたことを説明した。

「沼津地区以外の人もたくさん来ていましたよ」と語る九十四歳の鈴木うた子(沼津市、婦人部副本部長)は、娘の和子を連れていった。「雨上がりで、長靴《ながぐつ》の人もいました。私は五歳でしたが、その車両めがけて走ったことを覚えています」(深沢和子。同、圏副婦人部長)。

短い停車時間である。池田は車窓《しゃそう》から身を乗り出して、次々と握手し続けた。その人混みの中に、池田が「沼津のもっちゃん」と呼んでいた班長の望月剛もいた。

池田が逮捕された直後、望月は東京で行われた会合に参加。自宅に電話をかけて「文京支部は、行ける人は全員大阪へ行く」と伝えている。妻の倫子が汽車賃と着替えを包み、沼津駅へ出かけた。望月は列車の窓越しに倫子から風呂敷包みを受け取り、そのまま大阪大会に向かった。

望月は一九五四年(昭和二十九年)、病気と生活苦から信心を始めた。四十三歳だった。人望《じんぼう》が厚く、二年ほどで班長に推《お》されたが、どうしても嫌なものがあった。御書の研鑽《けんさん》である。小学校を卒業してすぐ働き始めたため、読み書きが大の苦手だったのだ。班長面接の場で、望月は思わず戸田城聖に向かって「役職を受けるのはいいが、御書の勉強は勘弁《かんべん》してほしい」と言ってしまった。

戸田から「目から火が出るほど」叱《しか》られた。面接に同席していた池田は、しょげ返っている望月にそっと声をかけ、「これでいい辞書を買ってください」と本代を渡した。

「父は沼津に帰ってくると、真っ先に近所の本屋に行き、うれしそうに国語辞典を買ってきました。その辞書を引きながら御書を学んだのです。亡くなるまで大切に使っていました」（長男の望月和久。副本部長）

望月はやがて沼津支部の初代支部長となり、弘教《ぐきょう》の先頭に立つ。望月が沼津支部長に任命された会合で、池田は御書にある「此経難持《しきょうなんじ》」（＝この経は持《たも》ちがたい）という言葉を紹介した。望月は終生《しゅうせい》、「此経難持御書」（四条金吾殿御返事）と呼ばれる日蓮の手紙に書かれた次の一節を最も愛した。

〈受《う》くるは・やすく持《たも》つはかたし・さる間《あいだ》・成仏《じょうぶつ》は持つにあり〉（御書一一三六ページ）

望月が遺《のこ》した御書は、紙の四隅《よすみ》がすべてすり切れ、書き込みのないページが見つからないほど使い込まれていた。戸田に考えの甘さを叱責《しっせき》され、池田に励まされたあの日が、人生の転換点になった。家には常に二冊の御書を用意しておき、誰かが個人指導を受けにくると、一冊を渡し、ともに読み合わせた。「私はその横で家事をしながら、話をよく聞いていました。御書は、お義父《とう》さんから教わりました」（望月ふみえ。支部副婦人部長）。

「富士の如《ごと》く」

大阪大会の十日後、池田は再び関西入りした。京都の女子部の会合（七月二十七日）では、命がけで法を弘《ひろ》めると誓った釈尊《しゃくそん》の弟子、富楼那《ふるな》のエピソード（第二章で詳述）を紹介した。この年、池田は夕張炭労《たんろう》事件と大阪事件に対処しながら、この富楼那の話を繰り返し語っている。

七月二十九日、大阪地方検察庁は池田を起訴。八月二日、大阪地方裁判所から起訴状謄本《とうほん》などが発送された。八月十日、池田は弁護人選任届《せんにんとどけ》を大阪地裁に提出している。

創価学会は戸田城聖の願業《がんぎょう》である「七十五万世帯」達成へ向けて、正念場《しょうねんば》を迎えていた。池田は目白押《めじろお》しの大きな行事運営を担《にな》いながら、慌《あわ》ただしく裁判の準備を進めなければならなかった。

当時、蒲田支部の婦人部だった牛田澄子（東京・世田谷区、総区婦人部主事）は、池田の妻の香峯子や、香峯子の母である白木静子と話す機会が多かった。「学会の命運のかかった裁判を控《ひか》え、あまりに多忙な先生を支えながら、奥様は二人の男の子を育てておられました。白木静子さんが先生と奥様の体調を心配され、足繁《しげ》く先生のご自宅に通《かよ》われたことを覚えています」。

◇

阪井貞子（堺市、区婦人部主事）は、法廷闘争の準備が進む中、池田の励ましを受けた一人である。

「関西本部の広間で、数人の女子部幹部が先生から激励を受けたことがありました」。本《もと》阪井はその場に居合《いあ》わせなかったが、しばらくして一枚の絵はがきを受け取った。本栖湖《すこ》の澄《す》んだ水面《みなも》の向こうに、どっしりと富士山が聳《そび》えている。裏には池田の筆跡《ひっせき》で〈富士の如《ごと》く 氣高《けだか》く 雄々《おお》しく そして 美しくあれ　八月二十日〉と書かれていた。

この八月二十日、池田は戸田城聖とともに北海道にいた。炭労による迫害を乗り越えた夕張の地に、初の支部が結成されたのだ。その合間を縫《ぬ》ってペンを走らせた。

阪井は、池田が逮捕・勾留《こうりゅう》されていた二週間、堺支部の中心者だった川坂憲・久子夫妻らとともに連日、大阪拘置所に通った。「いただいた絵はがきの脇には、私の旧姓の『橋本』と『結婚し　阪井さん』と書き添えられていました。三カ月前に結婚したばかりだったのです。今も絵はがきの言葉は、私の人生の理想像であり、学会の婦人部のめざすべき姿だと思っています」。

阪井が結婚する前、池田は関西本部で〈踏《ふ》まれても　踏まれても　咲く　タンポポの笑顔かな〉と書いた絵はがきも贈っている。その絵はがきを阪井に手渡す時、池田は「あれ、少し抜けているなあ」と首を傾《かし》げた。

「先生は『ああ、そうだ。〝なを咲く〟だね』と笑って、『なを』の二文字を書き足《た》されました。飛行機の絵柄《えがら》のはがきでした」。その時、阪井は「苦しみをずばり見抜かれたような気がした」と振り返る。「ちょうど活動になじめず悩み、信心をやめようかと思い詰めていたんです」。

池田から受け取った数々の言葉を胸に、阪井は夫の鶴和とともに堺支部で活躍した。四半世紀が過ぎた頃、阪井は「タンポポ」の絵はがきを、手紙を添えて池田に送った。池田は真新しい色紙に「タンポポ」の詩句を書き直し、あらためて阪井に贈った。〈なを咲く　タンポポの笑顔かな〉――その横には〈君よ、死するまで　大御本尊様《だいごほんぞんさま》とご一緒に〉と書き加えられていた。

出会った人を、その瞬間に智慧《ちえ》を尽《つ》くして励ます。その場だけでなく、何年もかけて見守り、育てる。池田の一つ一つの振る舞いが、学会の伝統となっていった。

原子爆弾だけは許せんぞ

起訴《きそ》から一カ月あまり経《た》った九月四日。大阪地裁から出頭命令の召喚状《しょうかんじょう》が届いた。第一回の公判は十月十八日に決まった。

召喚状が届いた四日後――池田は横浜の三《み》ツ沢《ざわ》公園にいた。全国から男女青年部が集まった「若人《わこうど》の祭典」。その責任者として奔走《ほんそう》していた。

陸上競技場のスタンドに、戸田城聖が立った。「諸君らに今後、遺訓《いくん》すべき第一のものを、本日は発表いたします」――開襟《かいきん》シャツの袖《そで》を風に揺《ゆ》らしながら、振《ふ》り絞《しぼ》るような声で語り始めた。

青年部五万人を前に、戸田は核兵器の悪を糾弾《きゅうだん》した。「(核兵器の)奥に隠されているところの爪《つめ》をもぎ取りたい」「もし原水爆《げんすいばく》を、いずこの国であろうと、それが勝っても負けても、それを使用したものは、ことごとく死刑にすべきである」と訴え、「民衆が生存する権利」に言及した。

「その権利をおびやかすものは、これ魔《ま》ものであり、サタンであり、怪物《かいぶつ》であります。それを、この人間社会、たとえ一国が原子爆弾を使って勝ったとしても、勝者でも、

横浜・三ツ沢の競技場で開かれた「若人の祭典」で戸田城聖は「原水爆禁止宣言」を発表した（1957年9月8日）。この6年前、「創価学会の歴史と確信」と題した論文の中で戸田は「不幸にして原子爆弾による戦争が起こったならば、世界の民族は崩壊の道をたどる以外にない」と綴っている ©Seikyo Shimbun

それを使用したものは、ことごとく死刑にされねばならんということを、私は主張するものであります。……（この）思想を全世界に広めることこそ、全日本青年男女の使命であると信ずる」

　戸田の訴えは「原水爆禁止宣言《げんすいばくきんしせんげん》」と呼ばれ、創価学会の平和運動の原点となっていく。

　池田はこの宣言の意義について、〈彼（戸田）は「死刑」をあえて明言することによって、原水爆の使用を正当化しようとする人間の心を、打ち砕《くだ》こうとしたのである。いわば、生命の魔性《ましよう》への「死刑宣告」ともいえよう〉と綴っている（『人間革命』第十二巻「宣言」の章)。

じつはこの二カ月ほど前、戸田はある雑誌の取材で「原子爆弾だけは許せんぞ、おれは決めているのだよ。アメリカでも、ロシアでも、どっちであってもそういうことは断《だん》じて許さん」と熱弁《ねつべん》を振るっている（『総合』一九五七年九月号)。取材を受けたのは七月十二日──蔵前国技館で「東京大会」が行われた日だった。池田が囚《とら》われた「大阪事件」の渦中《かちゆう》にも、戸田は核兵器廃絶に向けて思索《しさく》を巡《めぐ》らしていた。

敗戦から十二年。「若人の祭典」に参加した人々には皆、多かれ少なかれ戦争の体験があった。長崎から参加した梅林二也（長崎総県議長)。「私は二十二歳でした。戸田先生の話を聞いて『そのとおりだ、本当にそのとおりだ』と胸が熱くなって、帰りの夜行列車でも興奮《こうふん》してなかなか寝られなかった」と語る。

◇

梅林二也の父である二八は、三菱造船の技術者だった。一九四四年（昭和十九年)、実家の長崎から広島に転勤《てんきん》になり、家族で移《うつ》り住んだ。「敗戦の年、私は十歳でした。疎開先《そかい》になじめず、長崎に戻って祖母と二人暮らしをしていました」(梅林二也)。

四五年（同二十年）八月九日の長崎は、朝からよく晴れていた。「空襲警報が解除《かいじよ》されて、友だちと防空壕《ぼうくうごう》の近くで川遊びをしていました」。昼前だった。見たことのない強烈な光を浴びて、目が眩《くら》んだ。「びっくりして川から飛び出し、防空壕に裸足《はだし》のまま走り込みました。その直後、ものすごい音がして爆風《ばくふう》に襲《おそ》われたんです」。午前十一時二分、アメリカ軍の爆撃機B29が長崎市上空で原子爆弾を投下した。第一目標は北九州の小倉だったが、途中で長崎に変更されたのである。

梅林たちは崩《くず》れた防空壕から這《は》い出して空を見上げ、急いで家に戻った。「さっきまでの青空は消え、真っ黒い入道雲のような煙《けむり》と火柱がどんどん広がっていました。祖母の家のあった日の出町は、山で爆風が遮《さえぎ》られて全壊《ぜんかい》を免《まぬか》れました」。

コールタールのような黒くて粘《ねば》っこい雨に打たれた。洗っても洗っても肌から落ちなかった。広島にも同じ爆弾が落ちたらしいと聞かされた。「『もしかしたら家族が戻ってくるかもしれない』と祖母と話し合って、二人であてもなく毎日のように道ノ尾駅まで通いました」。

「死の同心円《どうしんえん》」とも言われた長崎の爆心地《ばくしんち》を、十歳の梅林は歩き続けた。「一面の焦土《しょうど》を見て、生きることは苦しむことなのかと思いました」と振り返る。「黒焦《くろこ》げの荷馬車《にばしゃ》のそばに、炭《すみ》の塊《かたまり》みたいになった人が倒れていました。性別もわかりませんでした」。長崎駅も、浦上天主堂《うらかみてんしゅどう》も、視界に入る建物という建物が、見る影もなくなっていた。「市内のあちこちで廃材《はいざい》を使った火葬《かそう》が始まっていて、浦上川は数えきれない遺体で埋《う》まって……無惨《むざん》な光景でした」。

「九月八日」に込めた意味

幸《さいわ》い、広島の家族は無事だった。しかし一年後、梅林は急に髪の毛が抜け、下痢《げり》が続き、疲れやすくなった。症状がおさまっても、周囲には原爆症で苦しむ人が多く、不安が消えなかった。

「学会に入ったのは父の脳溢血《のういつけつ》がきっかけです。昭和三十年でした」。社宅に住む父の知り合いが、母のトキ子を座談会に誘った。医師から再起不能だと言われていた父の二八は、一年後、職場復帰を果たした。

男子部で活動し始めた梅林は「大阪大会」にも参加している。「長崎から行った全員、公会堂の外でずぶ濡《ぬ》れになりましたよ」と笑う。

大阪大会が終わった後、池田は公会堂を飛び出し、豪雨に打たれた場外参加者に声をかけて回った。「私たちは『堺支部』や『長崎班』と書いた旗を掲《かか》げていました」（梅林二也）。長崎の旗を目にした池田は「遠くからご苦労さまでした」と声をかけ、全員と握手している。

梅林はやがて長崎の創価学会の中心者となり、平和運動にも力を注いだ。学会が総力を挙げて取り組んだ反戦出版のうち、長崎を舞台にした証言集は合計七冊。梅林自身も含め、実に三〇〇人に及ぶ戦争体験が収められている。

◇

「原水爆禁止宣言」は、戸田の全身全霊《ぜんしんぜんれい》を込めた平和へのメッセージだった。戸田亡き後、池田は戸田の遺志《いし》を形にしていく。その行動範囲は核廃絶《かくはいぜつ》の分野だけにとどまらなかった。

戸田による「原水爆禁止宣言」の十一年後、池田は学生部総会で「日中国交正常化提言」を発表した（一九六八年）。その日付は「九月八日」である。これまで池田は十度にわたって中国訪問を重《かさ》ねてきた。

さらに「原水爆禁止宣言」から十七年後、池田は初めてソ連（現在のロシア）の大地を踏む（一九七四年）。合計六度に及ぶロシア訪問の第一歩となった。その日付もまた「九月八日」だった。

東西冷戦の時代、池田は西側が敵視していた中国、ソ連という両大国と、地道な民間外交の歴史を築いていく。中ソの対立も深刻化《しんこくか》していた。池田はそれぞれの突破口を開いた日付に、戸田が「原水爆禁止宣言」を発表した日と同じ「九月八日」を選んだのである。

「生涯、忘れざる人々」

〈疲れきった身体を、引っ下げて帰宅〉〈すぐ横になる〉(一九五七年九月二十五日の池田の日記)。〈信仰、茲《ここ》に十年。次の十年の、運命は如何《いかん》。人生は、勝負だ。新たな荒浪《あらなみ》が、待っているように思われてならぬ〉(同二十六日)。

残暑《ざんしょ》を過ぎても、池田の体調との闘いは続いた。〈身体の具合、全く悪し……十年、一剣《いつけん》を、磨《みが》かねばならぬ――それにしても、根本は身体だ。強健《きようけん》なる体力だ〉(同二十七日)。〈色心《しきしん》ともに、一日中だるし〉(十月七日)。〈無理な一日。そのためか――心身の調子、芳《かんば》しからず〉(同十一日)。

〈裁判が十八日である。無罪を祈念《きねん》し奉《たてまつ》る……自己の真の宿命打破《しゆくめいだは》〉〈疲労、日々に重なる。妙《みよう》は蘇生《そせい》の義《ぎ》なれば、必ず、再生の生命やあるらん〉――そう記《しる》した十月十三日、池田は静岡の沼津で組長会に出席した。大阪大会を終えて帰京する際、沼津駅で見送ってくれた人々への感謝も込めて、全力で励ましている。また〈堂々と地涌《じゆ》

乃菩薩《のぼさつ》の　自覚みち　怒濤《どとう》を乗りこへ　広布ぞ使命と〉等々、何枚も色紙に揮毫《きごう》して贈った。初公判を前に、池田の〝怒濤の日々〟は激しさを増していった。

十月十八日。浪速区の宮本文（婦人部副本部長）は大阪地裁の傍聴席《ぼうちょう》にいた。現在九十二歳。「裁判の前の日、婦人部の先輩から『池田先生の裁判、明日や』と聞いたんです。傍聴できたのは生涯の誇《ほこ》りです」と振り返る。

当日、居《い》ても立ってもいられなくなった宮本は、家事を片づけ、一歳半だった次男を背負って地下鉄に乗った。「裁判所なんて行ったことないし、中に入れるんかどうかもわからんし、恐る恐るでした。七、八十人ほど入れる部屋で、傍聴席の長椅子は粗末《そまつ》なものでした。私は子どもがぐずって迷惑をかけたらあかんと思い、後ろのほうに立っていました」。

三カ月前の「大阪大会」には夫とともに場外で参加していた。「法廷で先生の名前が呼ばれた時、なんで先生をこんな所へ来させてしまったのか、怒りと申し訳なさで胸がいっぱいになりましたよ」。

〈生涯、忘れえぬ日。二時より、初裁判。人定尋問《じんていじんもん》にて終わる〉（十月十八日の池田の日記）。四年半にわたる法廷闘争が始まった。

◇

池田は大阪事件の裁判で合計二十三回出廷《しゅってい》した。出廷の前日、当日、翌日と可能なかぎり会合に参加し、学会員を励まし続けた。

初代の大阪支部長である白木義一郎は生前、「本当に申し訳ない限りだが、法廷闘争で先生が来阪《らいはん》されるたびに関西の学会を強くしていただいた」と語っている。

最初の出廷から、池田はぎっしり予定を詰めた。出廷前日の日記。

〈少々小雨《こさめ》。東京駅、午前九時発の特急「つばめ」にて、大阪へ向かう。明日は、裁判の日。大阪の方々への挨拶《あいさつ》のため、妻も同行……遅くまで、同志と語る。生涯、忘れざる人々なり〉（十月十七日）

三等車で大阪入りした池田と香峯子は、四軒の家庭訪問を終えて、さらに懇談の場をもった。日記によれば休んだのは午前二時前である。

出廷日の十八日。〈夜、神戸方面に指導に走る〉〈遂《つい》に戦いは始まったのだ。今こそ、信心の前進の秋《とき》と知れ。友よ、次の勝利に、断固《だんこ》進もう。俺も、戦うぞ〉。

この「神戸方面」とは、東灘の御影《みかげ》公会堂で行われた梅田支部の神戸大会である。同支部の壮年部員だった岡保《おかたもつ》は〈黄色い裸電球《はだかでんきゅう》が揺れていた〉〈あの日のあの出会いが、私の原点である〉と書き残している。

会合の後、池田は公会堂の和室に移動し、少人数で懇談した。当時三十六歳で〈病

大阪事件当時の大阪地方裁判所の法廷

苦と生活苦の中で無我夢中《むがむちゅう》だった〉という岡の手記には、池田から受けた二つの指導が記されている。

一つは、日蓮の〈法華経《ほけきょう》を信ずる人は冬のごとし冬は必ず春となる〉（御書一二五三ページ）という一節を通して〈「病気は必ず治る！」と決めて強盛《ごうじょう》な信心を〉。もう一つは〈「立派な組織人」に成長してくださいよ〉という一言だった。岡は〈ずいぶん後になって……病を乗り越え、班長を経《へ》て、地区部長になった頃、やっとあの指導の意味に気がついた〉と振り返っている。

〈名聞名利《みょうもんみょうり》〉の幹部に悩まされることもあった。〈やがて醜《みにく》い敗者となって姿を消していった気の毒な人〉も見た。岡の手記は〈先生は私にこの事を教えてくださったんだ、と仏前《ぶつぜん》で涙したものであった。以来、自らに厳しく「個人であると同時に組織人である」という気概《きがい》で生きてきたつもりである〉と続く。

岡は大阪の枚方市駅前に住んでいた。「生前の岡さんと長年一緒に活動しましたが、先生とそんな出会いがあったとは知らなかった」。野村勝喜世（枚方市、総県副総合長）は笑顔で語る。

「岡さんご夫妻のお宅が座談会場でした。腹を空《す》かせた学生部によくご飯を食べさせたり、達筆《たっぴつ》を振るって会合の垂《た》れ幕《まく》を見事に書いてくれたり。先生のおっしゃった『立派な組織人』って、ほんま納得ですわ。岡さんの人生にぴったりや」

「疲労困憊《ひろうこんぱい》の関西の夜」

初出廷の翌十九日。池田は激しく動いた。京都の宇治方面を訪れた後、〈特急にて、再び関西本部へ。男子部幹部会、女子部区長会に出席。更に、船場の地区部長会等に出席、指導。終わって、青年部の個人指導等〉〈疲労困憊《ひろうこんぱい》の、関西の夜となる。将来、幾百千の同志が、ここより、堂々と巣立《すだ》ちゆくことであろう。二時近く、ぐったりと床につく。心配そうな、妻の顔〉(十月十九日の日記)。

辻仁志(総兵庫総主事)は大阪の港区に住む男子部員だった。「何度か転職した後、大阪の港区の市場で弟と小さな雑穀商《ざっこくしょう》を始めました」。経営はうまくいかなかった。借金が増えて悩んでいた時、以前勤めていた会社の社長から「伊丹《いたみ》に新工場を建てるから来ないか」と誘われた。「私は特殊《とくしゅ》な金属加工の技術を持っていたので、その腕を買われての話でした」。

仕事は製造のみ、定時で終わり、日曜は必ず休み、売り上げ次第でボーナスも弾《はず》むという。「いい条件の話でした。気軽な気持ちで松島支部長の玉置正一さんに相談しました」。玉置は戸田城聖から「松島の舎利弗《しゃりほつ》」と呼ばれ、面倒見のよさで知られていた。その玉置が目を輝かせて「ちょうど池田先生が来てはるみたいやから、関西本部へ行こう」と言い出し、辻は仰天《ぎょうてん》した。「そんなつもりやなかったから、どないしようと思いましたが、ついて行きました」。

その日は十月十九日だった。玉置と辻が関西本部で待っていると、外から戻ってきた池田はすぐ数人の幹部と別室に入った。

打ち合わせを終えた池田に、玉置はすかさず声をかけた。辻は緊張しながら、今の商売は見通しも悪く、誘われた会社はいい条件で、転職しようと思います、と話した。

聞き終えた池田は険《けわ》しい表情になり、口を開いた。「君は、商売の見込みがないとか、誘われた会社の見込みがあるとか言っているが、問題は君自身が見込みのある人物なのかどうかなんだ」。

◇

辻は「えらいこと言うてしもた」と後悔した。池田の指導の厳しさは、二十三歳の辻の想像を超えていた。「自分がダメな人物なら、どんな立派な会社に行き、商売をしても、成功はしないよ。まだ君は世間の厳しさを知らない。社会を甘くみてはいけないよ」。

さらに池田は「今、会社が好条件だと話したね。君の若さですべてが思うようにいったら、君の人生は終わりだよ」とも語った。「人生はドラマなんだ。ドラマはうまくいったら終わるんだよ。ぼくはそんな人生は嫌だな。怒濤《どとう》の逆巻《さかま》く荒海《あらうみ》に身を置いて、それを乗り越え、乗り越え、勝っていく。それがぼくの人生だ」。

——これから何があっても、血を吐《は》くような苦しいことがあっても辞めない、という決意があるならやってみろ。逆境で本当の信仰の力《ちから》がつく。何にも代えられない財産が築ける。いいことばかり夢見て行くようでは失敗するぞ——「一言一言、腹に食い入るような指導でした」と辻は振り返る。

弟と話し合い、これまでの店を畳《たた》み、決意を固めて転職した。しかし「自分の甘さをいやというほど思い知った」という。「製品を造るだけのはずが、販売から集金まで引っ張り回され、休みはなく、工場に泊まり込み、給料は遅配《ちはい》です。先生のあの厳しい指導がなかったら、『この苦境を乗り越えてやる』などとは到底《とうてい》思えませんでした」。辻が転職した工場は、三年後にようやく安定した。

「今から思えば、初公判の翌日だったのに、そんな素振りは微塵《みじん》も見せられなかった。しかもたくさんの会合の合間に、時間をこじ開けてくださったんです。何年も経ってから、『怒濤《どとう》の逆巻《さかま》く荒海《あらうみ》に身を置いて』という言葉は、当時の先生の境遇《きょうぐう》そのものだったんだと気づきました」

初公判の後、池田が東京に戻ったのは十月二十一日だった。〈朝、七時三十分――東京着。結局、夜行列車は疲れる。妻も、疲れきったことであろう〉（十月二十一日の日記）。その足で戸田城聖の自宅に向かった。〈朝の先生による勉強――『日本歴史』に入る。藤原時代より。先生に、種々報告〉。

翌二十二日。〈先生より、たびたび、「読書せよ」と注意あり。「あの本も読め、この本も読んだか」と〉。〈朝、先生より、厳しく叱らる〉（十月二十五日）――法廷闘争が始まった後も、池田に対する戸田の個人教授は続いた。

この年の瀬、創価学会は七十五万世帯に達した。戸田は、会長就任時の誓いをついに果たしたのである。

「険《けわ》しき山」を越えて

戸田城聖が生涯の最後に取り組んだ行事は、日蓮正宗に寄進《きしん》した大講堂の落慶《らっけい》記念登山だった（一九五八年三月）。三月一日から三十一日の一カ月間で、じつに二十万人が参加した。

その真っ最中、池田は二度目の出廷のため大阪に向かった。検事が被告に対して「罪を認めるかどうか」を問う「罪状認否《ざいじょうにんぴ》」である（三月六日）。

起訴状で検察は、「創価学会選挙本部総司令」という、現実には存在しない池田の肩書を捏造《ねつぞう》していた。池田はその誤りを指摘し、裁判長の田中勇雄《いさお》を見据えて「訴因《そいん》のような事実はありません」と起訴状の内容をすべて否定した。言うまでもなく、検察との全面対決である。

とんぼ返りで戸田の待つ大石寺に戻り、無事故の運営に苦心《くしん》した。〈(連日の）輸送指揮に、神経と体力、実に疲れた〉と日記に綴《つづ》っている（三月十九日）。

師弟こそ仏法の魂――恩師・戸田城聖とともに、力強く学会歌の指揮を（1958年3月、静岡・富士宮市）©Seikyo Shimbun

「亡くなられる二週間前も、『きょうは何を読んだのか』と尋《たず》ねられた」――池田は高校生向けの連載「青春対話」で、戸田との最後の日々に触れている（『青春対話1』普及版二〇九㌻）。

戸田は池田に「指導者になる人間は、何があっても読書を忘れてはいけない。私は、『十八史略《じゅうはっしりゃく》』を第三巻まで読んだよ」と語った。

「（戸田）先生は、衰弱《すいじゃく》しきったお体だった。それでも寸暇《すんか》を惜《お》しんで読書をし、思索されていたのです」（同二一〇㌻）

また戸田は「これからの学会は、外部から崩されることはないよ。大事なのは内部だよ。団結だよ」とも言い残した。

◇

三月十六日には、六〇〇〇人の青年部が参加して記念行事が行われた。

その前後、池田が戸田に「三月は総登山がありましたので、(全国の幹部が集まる)本部幹部会がまだです。何日がよろしいでしょうか」と指示を仰《あお》いだ時のことを、その場にいた関西婦人部の矢追久子が語り残している。「戸田先生は『そうだな』としばらく考えておられ、『四月二日』と決められたのです」。

「(三月)一日の頃はお元気でいらっしゃったのに、だんだんお痩《や》せになりました……医者は、病気は何もない、どこも悪くないと言うのですが」――婦人部の役員として大石寺に詰めていた矢追は、後ろ髪を引かれる思いで三月三十一日に関西へ戻った。「列車の中で、周りの人がいぶかるほど涙があふれ、止めることができませんでした」。

一九五八年(昭和三十三年)四月二日の夕刻、戸田城聖は五十八歳でこの世を去った。矢追はその日の夜半《やはん》に訃報《ふほう》を聞いた瞬間、戸田と池田のやりとりを思い出した。「あの時代、地方指導で全国に散っている幹部に一斉に連絡を取るのは、電報、電話と大変でした。戸田先生はご自分が亡くなった翌日に、全国の幹部が集まるよう指示されていた。不思議なことでした」。

戸田が〈いやまして　険《けわ》しき山に　かかりけり　広布の旅に　心してゆけ〉と詠《よ》んだのは二年前の七月、大阪の参院選で白木義一郎が勝った翌日である。〈〝まさか〟が実現〉（「朝日新聞」の見出し）と驚かれるほどの快勝だった。いっぽう東京では、はるかに勝算の高かった候補が苦杯《くはい》をなめた。

〝険しき山〟――戸田の慧眼《けいがん》は、おそろしいほど正しく情勢を見抜いていた。

その後、夕張炭労による宗教弾圧、池田の不当逮捕と、創価学会は経験したことのない迫害を立て続けに受ける。そして冤罪《えんざい》を晴らすための裁判が、池田の双肩《そうけん》にのしかかった。

しかし、愛弟子《まなでし》の裁判の結果を、戸田城聖は、存命中に見ることができなかった。

「今日《こんにち》の私あるは、全部、恩師の力《ちから》である」

四月八日、戸田家の告別式には約十二万人が焼香《しょうこう》に訪れた。

〈朝、先輩が迎えに来る。私は断る。師匠との最後のお別れの日である。私は私なりに、一人して先生宅にお邪魔《じゃま》したい。最後の先生とのお別れに、誰人よりも淋《さび》しく、悲しい弟子は、私である。厳しい父であり、やさしい父であり、今日《こんにち》の私あるは、全部、恩師の力《ちから》である〉（告別式当日の池田の日記）

　四月二十日の学会葬では池田が司会を務《つと》めた。約二十五万人が参列した。八十歳の柴田和男（奈良県橿原市、副本部長）もその一人である。「大阪大会」では中之島公園の警備を担当し、場外参加者のために、五人がかりで木の枝に拡声器をくくりつけた。

「大阪大会の二年ほど前、ある会合で戸田先生に質問しました。私は二十三歳でしたが、長年、重い肺病で苦しんでいました」と振り返る。

　戸田から指導を受けた数日後、柴田の自宅に封書が届いた。差出人の名前は「池田大作」だった。「会長先生が御多忙であります故……」と書き始められた手紙は、便《びん》箋《せん》六枚にわたる長文だった。

〈肺病ハ　絶対に、必ず、信心に依《よ》って治ります。会長先生もお若い時に（肺病の）三期であったそうです。私も肺病でした。又何千、何萬《まん》の同志が、大御本尊様の大偉《だいい》力《りょく》によって良くなって居ります。此等の事実こそ科學《かがく》です。而《しか》し、信心弱くして疑ってはなりません……〉

　池田は〈医学を否定してはいけない〉と念を押しながら、烈々たる確信をもって、血を吐《は》き苦しんでいた柴田を励ました。

――朝晩の勤行《ごんぎょう》で「一日も早く肺病を治し給え、広宣流布に活躍できる立派な青年にしてください」と、胸奥《きょうおう》より祈ってごらんなさい。必ず必ず必ず、全快する事は疑いありません――

――栄養を取ること、寝ること、疲れる際は、身体を休めるように気をつけなさい……どうか御両親も兄弟の方も驚くほど良くなって、元気で一日も早くお会いできることを願って、祈ってやみません――

「一介《いっかい》の男子部員である私を、ここまで励ましてくれるのか、と本当に勇気づけられました。昭和四十四年、旧・奈良本部（現・明日香文化会館）で、池田先生に直接、回復したことをお伝えできました」

こうした戸田による直接、間接の指導によって自らを励まし、人生を再起した人々が、全国から青山葬儀所に集まった。また大阪の関西本部でも焼香《しょうこう》が行われた。集まった人々が入りきらず、鶴橋駅に近い下味原《しもあじはら》交差点まで参列者の列が続いた。

「心配ない。池田室長がおられる」

上田悦朗は横須賀で金物屋を営んでいた。「父が一家和楽を願って学会に入ったのは、昭和二十九年の秋でした」。息子の雅一（創価学会参議）が語る。雅一にとって悦朗は養父だった。雅一が四歳の時、実父は肺結核で他界した。その後、母の福江が再婚した相手が悦朗だった。

悦朗の店は京浜急行の横須賀中央駅の近くにあった。「ふすまを外すと二十畳ほど。鶴見支部の座談会場になり、いつもにぎやかでした」。

会合で集まる人の履物《はきもの》は、すり減った下駄《げた》や破《やぶ》れそうな草履《ぞうり》ばかりだった。

高校生の雅一は義父の悦朗に「学会員ってどんな人たちなのか」と非難がましく尋ねた。悦朗は「いいんだ、いいんだ。みんなこれから功徳《くどく》をいただく人たちなんだ」と笑った。

悦朗に連れていかれた会合で、忘れられない質問会があった。「ある婦人が戸田先生に、折伏に行くたびに『学会は病人と貧乏人の集まりじゃないか』とバカにされて、折伏できませんと訴えたんです」。

いったいどう答えるのだろう。雅一は固唾《かたず》をのんだ。戸田は「そうかそうか、そんなにひどく言われるのか」と笑いながら、「でもな、創価学会が病人にしたわけでも、貧乏にしたわけでもないんだよ」と語り始めた。

「みんな一生懸命に頑張ったが、病気が治らず、ますます悪くなったり、商売もうまくいかなかったり、そうして学会に拾《ひろ》われた人ばかりじゃないか。他の宗教では親身《しんみ》になって相談に乗ってくれない人たちを、学会が救ったんじゃないか」

「質問した婦人を、悠々《ゆうゆう》と抱きかかえるような話し方だった」と雅一は振り返る。

「最後に戸田先生は『毎月一世帯の折伏を一年間、続けてごらんなさい。必ずすごい福運をいただくよ』と断言されました」

戸田の訃報《ふほう》に接した時、雅一は十九歳だった。

「学会はどうなるのか」。不安になり、悦朗に尋ねた。悦朗は「絶対に心配ない」と言う。「なぜ心配ないのか」と問い直す雅一に、悦朗は「池田室長がおられるから、絶対に心配ない」と言い切った。

「父は、鶴見支部を代表して『山口闘争』に参加していました。その時、徳山市の『ちとせ旅館』で池田先生と間近に接していたんです」

――山口でなかなか折伏が決まらず、もうあきらめかけていた。しかし、池田先生が来られて、皆の雰囲気《ふんいき》が一変した。それからどんどん折伏が決まった。俺も決めてきた。いやあ、あの人はすごいぞ――。悦朗は徳山から横須賀に戻り、池田との出会いを何度も家族に語った。

「裁判長は必ずわかってくれるはずだ」

戸田城聖の葬儀から一カ月後、「第二回関西総会」が大阪球場で行われた（一九五八年五月十一日）。あいにくの雨だった。入場した池田はすぐさま、幹部の席に設営されてあったテントの屋根を外し始めた。ある壮年部員が〈参加者と共に、という精神だったのだと思う。「さすが池田室長や」と言う人もいた〉と書き残している。一年前の豪雨の大阪大会を思い出した人もいた。

六月、池田は創価学会の実質的な運営の責任者である「総務」に就任した。

種々の課題に対応する中、総務就任から一カ月後の日記には〈正義の弁護士、少なし〉と綴っている（七月二十四日）。「大阪事件」の裁判に臨《のぞ》んでも、弁護士陣は弱気だった。「検察の調書がこれだけ完璧に出来上がっていると、たとえ冤罪だとしても、裁判で覆《くつがえ》すのは不可能だ」という。たしかにそれが日本の刑事裁判の「常識」である。

この年、学会は一〇〇万世帯を超えた。戸田城聖は大阪事件の裁判について、池田に「裁判長は必ずわかってくれるはずだ」「最後は勝つ」と言い遺《のこ》していた。この恩師の言葉を胸に、池田は孤独な闘いに挑み続けた。

戸田城聖の葬儀から１カ月後の関西総会。雨もいとわず会員を励ます池田。この月、池田は大阪地裁に３回目の出廷をしている（1958 年 5 月、大阪市）©Seikyo Shimbun

第六章

無罪判決――「私だからこそ、ここまで戦えた」

「非常に傲慢《ごうまん》な、高圧的《こうあつてき》な調べ方です」。大阪地方裁判所の法廷《ほうてい》に、検察の非道《ひどう》を訴える池田大作の声が響いた。検事が、弁護士が、そして裁判長が、池田に質問を重《かさ》ねていく。第七十回公判（一九六一年七月十二日）――大阪地方検察庁が巧妙《こうみょう》に冤罪《えんざい》を作りあげていく経緯《けいい》を、池田は順を追って証言した（第三章で詳述）。

「その供述《きょうじゅつ》を、私の本意ではありませんが、致しました」

「それも、デッチ上げです。辻褄《つじつま》に合わせるように作りました」

「違います。そうしないと、辻褄が合わないというわけです」

「そうです。事実は正反対なんです」――池田の出廷は既《すで》に十二回を数え、裁判は天王山《てんのうざん》にさしかかろうとしていた。

「智慧《ちえ》の嵐が吹き荒れていた」

無実を証明するための裁判がスタートしたのは、一九五七年（昭和三十二年）の十月だった。池田が戸田城聖《じょうせい》の後を継ぎ、創価学会の第三代会長に就任したのは法廷闘争の真っただ中、六〇年（同三十五年）五月三日である。

池田は裁判に専念《せんねん》するわけにはいかなかった。会長就任から一年余りが経《た》ち、この第七十回公判までに訪《おとず》れた日本の都市数は、東京都内を除《のぞ》いて、じつに一〇〇を数《かぞ》えた。学会の世帯数は二〇〇万を突破した。

池田の行く先は国内にとどまらず、アメリカ、ブラジル、インドなど九カ国・地域。訪問した都市数は延《の》べ三十以上。六カ国で新たに学会の組織を立ち上げ、支部や地区の結成は優に二十を超えた。会長就任の直前には東京の小平を視察している。〈武蔵《むさし》野《の》は憧《あこが》れの地だ。約一万坪余、購入を決意。将来、創価大学か、創価高校、中学校の用地《ようち》のためにと〉（一九六〇年四月五日の池田の日記）。

現在のＳＧＩ（創価学会インタナショナル）や創価一貫教育をはじめ、池田が広げた「平和・文化・教育」を柱とする民衆運動の原型は、その多くが大阪事件の法廷闘争と「同時進行」で生み出されていったのである。この会長就任前後の数年間について、のちに池田は「頭の中に『智慧《ちえ》の嵐』が吹き荒れていた」と語っている。

◇

日本で新たに誕生した支部は九十を超えた。そのうちじつに五十の支部結成大会に、池田が自《みずか》ら出席している。

秋田の十和田支部。畠山靜江（鹿角市、支部副婦人部長）は結成大会の後、次の会合場所に移動する池田を案内した（一九六一年二月）。外はすでに真っ暗だった。「私は運営役員として、途中の渡り廊下《ろうか》に立っていました。電灯もなく、段差があって、すのこが敷《し》いてありました。歩いてくる先生に『ここは段差があります』と伝えました」。

その渡り廊下《ろうか》で池田は、ライターに火を灯《とも》し、足元に気をつけるよう周りに声をかけながら、次の会合へ急いだ。女子部員だった畠山の目に、会長自ら暗闇《くらやみ》を照らし、先導《せんどう》して歩く光景が焼きついた。

日蓮《にちれん》が遺《のこ》した手紙に、宛先《あてさき》も書いた時期も定《さだ》かではない、〈譬《たと》へば人のために火をともせば・我がまへ あき（明）らかなるがごとし〉という有名な断簡《だんかん》（＝きれぎれに残った手紙の断片《だんぺん》）がある（御書《ごしょ》一五九八ページ）。

畠山は「この一文を読むたび、今でもあの『ライターの火』を思い出します」と語る。

池田の率先垂範《そっせんすいはん》の姿は、各地に鮮《あざ》やかな印象を残した。群馬の高崎支部。「結成大会の後、先生は会場からすごい勢いで飛び出されました。場外にも大勢の学会員さん

初訪米の際に訪れたシカゴ・ミッドウェー空港で、出迎えた会員とともに（1960年10月8日）©Seikyo Shimbun

が集まり、ゴザを敷いて参加していたんです」。絹川敬子（総群馬副婦人部長）は「誰かが用意した木箱の上に乗って、場外の人たちに懸命に語りかける先生の姿が忘れられない」と振り返る。

桐生支部の臼井《うすい》あゐ子も、同支部の結成大会で池田に励まされた一人だった。家に帰るや、その様子を娘の寺口幸子（桐生市、総群馬婦人部総主事）に息を弾《はず》ませて語った。「母はその日、婦人部の地区担当員（現在の地区婦人部長）になりました。先生と握手した時、先生は母の手をとって、じっとご覧になったそうです」。

池田はあゐ子に「ずいぶん苦労をしてきた手ですね」と声をかけた。そして「でも、信心をしっかりしていけば、必ず幸せな境涯になります。私と一緒に頑張ろうね」と続けた。

あゐ子の夫、臼井善治郎は織物業《おりものぎょう》を営《いとな》んでいた。しかし、太平洋戦争で機織《はたお》り機などを供出し、やがて廃業に追い込まれた。「戦後は数人の友人と買継商《かいつぎしょう》を始めましたが、うまくいかず、人のいい父は負債を一人で背負うことになってしまった。四人の子どもを食べさせるため、母が反物《たんもの》の行商《ぎょうしょう》などで稼《かせ》ぎ、生計を立てていました」(寺口幸子)。

一家で学会に入ったのは五四年(同二十九年)の夏だった。あゐ子が池田と出会った時は、信心を始めて七年が経《た》とうとしていた。「母は『今までの苦しかったことを、初めて会った池田先生が全部わかってくれた』と何度も語っていました」。

◇

島根の松江支部。新任の支部長が、緊張のあまり壇上《だんじょう》で声を詰まらせた。自動車修理工場を経営していた浜崎巖《いわお》である。娘の宮井和子(中国婦人部総主事)は十八歳だった。「貧しい家に生まれた父は小学校もろくに通えず、読み書きができませんでした。その日は十三行罫紙《けいしし》に、話す内容をひらがなとカタカナで大きく書いてあげたんですが……」と振り返る。

浜崎は従業員から「おやじ」と呼ばれ、慕《した》われる腕利《うでき》きの職人だった。「父は字が読めないことで、仕事上でもみじめな経験をたくさんしたようです。一時期はお酒に溺《おぼ》れ、道楽《どうらく》に走り、苦しみ抜いた母は三度も自殺を図《はか》りました。その母が先に信心を始め、父も続き、文字通り蘇生《そせい》していきました」。

人望の厚《あつ》い浜崎を支部長に抜擢《ばってき》したのは池田だった。「先生は、晴れの結成大会で立ち往生《おうじょう》した父の肩をがっちり抱きかかえて、集まった皆さんを前に『この支部長は純粋無垢《じゅんすいむく》な人です。公平に見てくれる人です。この人をバカにしたら、私が許しません。どうか皆さんで守ってください』と励ましてくださったんです」。

長女の和子にとって、さらに驚くことが続いた。池田は和子と妹の潮子（十四歳）、みどり（十歳）に、「お父さんとお母さんが支部長、支部婦人部長になります。これから忙しくなって、みんなに寂《さび》しい思いをさせると思いますが、どうかよろしくお願いします」と言って、三姉妹に向かって深々と頭を下げた。

「よく体中に電流が走る、と言いますが、その通りです。小さな私たちがそれまで両親のことで悩み、苦しんできたことを、先生はご存じでした。あの時、生まれて初めて『すごい人に会った』と思いました」

「『真昼の暗黒』を思い出した」

こうした支部結成のドラマが全国各地で繰り広げられていた最中の一九六一年（昭和三十六年）三月、大阪事件の裁判を担当していた弁護士は、池田に「有罪《ゆうざい》を覚悟するように」と告《つ》げている。

この月、池田は三日間で五回も出廷している。「いよいよ戸別《こべつ》訪問関連の審理《しんり》が始まる時です。先生は、大阪事件を担当した弁護士陣の無責任な態度に激怒されたそうです。これまで折《おり》に触《ふ》れて、その時のことを何度も伺《うかが》ってきました」（原田稔、創価学会会長）。

三月六日、池田は一日で二回出廷した。翌七日は出廷後、関西の男子部、女子部がそれぞれ大きな会合を行い、その両方に出席。さらに翌八日にも二回公判があり、夜は関西三総支部の幹部会に駆けつけた。池田は自身の出廷のスケジュールに合わせて、次々と会合予定を組み込んだ。

三月八日、熱気の渦巻《うずま》く尼崎市の体育館には、大阪や神戸などから、ろうあ者のグループ三十六人も参加していた。耳の聞こえない彼らは、手話の通訳をしてくれる壮年部員と壇上とを交互に見つめ、体験発表に涙し、池田の学会歌の指揮に歌声を合わせた。

池田は退場する際、立ち止まり、彼らが座っている二階席の一角を見上げて大きく手を振った。京都から参加したろうあ者の一人、山二信太郎は「(これまでの人生で)人間扱いしてくれるのは学会だけだ」と当時の聖教新聞にコメントを寄せている。

その場に集《つど》った関西の学会員の大半は、池田の裁判がどう進んでいるのか、知るよしもなかった。

裁判の初期、池田は危惧《きぐ》を記《しる》している。四度目の出廷(第八回公判)の時だった。〈大阪地方裁判所で、午前十時より午後四時まで、公判。一口《ひとくち》もしゃべることなく、終わる。ただ、非常に不利《ふり》の感じを受く〉(一九五八年九月二十五日の日記)。

池田の妻、香峯子はある日の公判後、関西の婦人部幹部に宛《あ》てて次のような手紙を書いている。〈いつも主人がお世話になっております。今回は、主人の具合が悪かったので、(大阪から東京に戻る時に)横浜まで迎えに行きました。その日は横になりましたが、翌日には元気で出勤しました〉。

◇

公判が進むにつれ、警察、検察が学会員に対してどれほど暴力的な言動を重ねていたか、次から次へと明らかになっていった。

『『真昼の暗黒』を思い浮かべましたよ」と林智栄子（奈良市、関西婦人部総主事）は振り返る。「真昼の暗黒」とは、実在の冤罪《えんざい》事件（八海《やかい》事件）をモデルに作られ、五六年（同三十一年）に大ヒットした映画のタイトルである。真犯人が自分の罪を軽くするため、関係のない四人を共犯者に仕立て上げる。そのために拷問《ごうもん》を受け、耐《た》えきれずに嘘《うそ》の自白をし、死刑判決を受けた無実の男が法廷で闘う……。

「この間も一人死刑にしてやった」。男子部員の藤井義勝は検事からこう脅《おど》された。近藤勝将は勾留中《こうりゅうちゅう》に中耳炎《ちゅうじえん》が悪化し、病院で「安静《あんせい》を要《よう》する」と診断《しんだん》されたにもかかわらず、取り調べが続けられ、さらに「お前が認めねば父親も引っ張る」と迫《せま》られた。妊娠中《にんしんちゅう》の妻の姿をわざと見せられ「自白すれば釈放《しゃくほう》してやる」と言われた男子部員もいた。

肺病を患《わずら》っていた岡嶋昭夫（大阪・四條畷市、圏副本部長。第一章で詳述）も病状が悪化したが、まともな治療が受けられず、刑事には灰皿《はいざら》が転げ落ちるほど激しく机を叩《たた》かれ、罵《ののし》られた。釈放後は医師から「絶対安静」を告げられ、二年間も寝たきりの生活を強《し》いられた。

勝手に調書を書かれ、訂正を申し出ても無視される人が続出した。篠原はるは「お

大阪地裁で実際に使われていた証言台（関西創価学会所蔵）

前許さんぞ」と怒鳴《どな》られ、殴《なぐ》られかけた後に一転、「（ある婦人部員の）長男が肺病で死にかかっている。母親に一目会いたいと言うている。お前が認めればその婦人部員もすぐ釈放してやる。お前もすぐ出してやる」と嘘の自白を強要《きようよう》された。〝ある婦人部員の長男が死にかかっている〟という泣き落としは、刑事によるまったくの作り話だった。

池田とも対談したアメリカの心理学者セリグマンは、「学習性絶望感《がくしゆうせいぜつぼうかん》」という考えを発表したことで名高い（学習性無力感ともいう）。長い時間、ストレスを避《さ》けられない環境に置かれた人は、その場から「逃げようとする努力」すらできなくなる。この絶望感は、密室《みつしつ》の理不尽《りふじん》な取り調べによっても生じるといわれる。

また、激しい圧力によって記憶がねじ曲げられ、暗示にかかってしまうこともある。取り調べを受けた多くの学会員が、こうした精神的危機に追い込まれた。

「私の胸は裂《さ》ける思いでした」――法廷は静まり返った

「取り調べ中は両手の自由がきかず、汗も拭《ふ》けなかった」と法廷で証言する人たちも複数いた。鳥養《とりがい》国夫は手錠《てじよう》と椅子《いす》を縄《なわ》でくくりつけられ、そのままの姿勢で尋問《じんもん》された。奥谷巌は検事からむりやり調書をとられた後、「ここでしゃべったことを口外《こうがい》するな。口外したことが耳に入ったらつれ戻すぞ」と恫喝《どうかつ》された。

東京からの派遣《はけん》メンバーのなかには、東京駅の構内で手錠をかけられ、そのまま丸の内署まで、手錠姿のまま公道を歩かされた青年部員もいた。

「会社をクビになるぞ」「母親も引っ張るぞ」と脅《おど》された、取り調べ中に鉛筆《えんぴつ》で突き刺された、トイレに行かせてくれなかった、数人の刑事に囲《かこ》まれ、耳元でバケツをガンガン叩《たた》かれた……これらの、拷問《ごうもん》に等《ひと》しい、にわかに信じがたい実態はすべて、法廷で証言され、明らかになったもののごく一部である。彼らの告発を、証言台に立った刑事、検事たちは「忘れた」「記憶にない」「覚えがない」とことごとく否定し続けた。捜査会議《そうさかいぎ》を行《おこな》ったことすら否定する刑事まで出てきて、裁判長の田中勇雄《いさお》が「(捜査会議が)あるのは当然でしょう」とたしなめる一幕《ひとまく》すらあった。

恫喝に屈《くつ》し、泣いて両手を合わせ、詫《わ》びながら「池田に指示された」と嘘の自白をしてしまった壮年部員もいた。この壮年は小学校に二年しか通えず、結婚してからは日雇《ひやと》い仕事で家族を養《やしな》っていた。つましい暮らしのなか、息子の修学旅行費を積み立てるために毎月一〇〇円ずつ息子に渡していた。だが息子は学校でいじめられ、貴重な積立金を毎月、同級生に巻き上げられていた。

刑事はこうした家族の貧困につけこんだ。「罪を認めれば修学旅行代を半分にまけてもらってやる」「一〇〇〇円くらいの小遣《こづか》いなら出してやる」と甘言《かんげん》を囁《ささや》き、きれいなニットのシャツを与え、いっぽうで関係のない壮年の妻まで取り調べた。そして、ある会合で池田と同席していたことを聞き出し、「池田に指示された」と認めなければお前の家族は食べていけなくなるぞ、子どもがかわいくないのか、と壮年を脅し続けたのである。

「私の胸の中は裂《さ》ける思いでした」と声を振り絞《しぼ》る壮年の証言に、法廷は静まり返った。本章の冒頭で紹介した第七十回公判でのことである。池田はそのすべてを黙《だま》って聴き続けた。

この日、裁判長の田中勇雄は池田に〈(戸田)会長が逮捕されるかも知れないという ことを非常に恐れたというのも(やっていない罪を)認める一つの原因〉(第七十回公判調書)になったことを確かめている。

大事な大事な関西の同志がおりますから

——裁判で戦う同志の苦しみが深ければ深いほど、創価学会の最高責任者である私の胸は痛い。変な判決があるようであれば、私たちはどこまでも追及する——法廷闘争の最中《さなか》、池田はある会合で語っている（一九六〇年十二月十四日。多摩川、城南、大森、品川の四支部結成大会）。

池田自身、自分が受けた劣悪《れつあく》な取り調べを忘れることはなかった。

法廷闘争中の一九六一年（昭和三十六年）七月、池田は岡山の中国本部を訪れた。居合わせた貝沼次郎（倉敷市、総県主事）は、池田の一言を聞いて絶句《ぜつく》した。

「中国本部の建物の会長室は、八畳ほどの狭い部屋でした。先生は会長室に入られるなり、隣にいた山田徹一さんに『この部屋の窓は高いなあ。牢獄《ろうごく》を思い出したよ。あの部屋の窓も、とても高いところにあった』と、ポツリと語られたのです」

裁判を何度か傍聴《ぼうちょう》し、証言台にも立った前川勝（大阪・枚方市、副圏長）が語る。

「ある時、田中裁判長が『池田さんは忙しいでしょうから、毎回法廷に出てこられなくても結構ですよ』と言われました。池田先生は『私の大事な大事な関西の同志がおりますから、参ります』と答えられた。私はあの一言を生涯忘れることはないでしょう」。

◇

法廷闘争のクライマックスは、六一年（同三十六年）の九月、そして十月に訪れた。

四年前の七月に池田を取り調べ、冤罪《えんざい》を作ろうとした検事たちを、今度は池田自身が、法廷で尋問したのだ。

検事たちへの証人尋問は九月二十日から二十二日にかけて行われた。二十日の午前は滝本勝。翌二十一日の午前は吉川芳郎。そして二十二日の午後、主任検事の鈴木健彌に対する尋問が予定された。この二十二日、午前中に時間のとれることがわかった池田は、「第二室戸《むろと》台風」で大被害を受けた西淀川区《にしよどがわ》へ向かった。

言うまでもなく、裁判の流れを決める「勝負の一日」である。その当日、池田は自分の予定に、被災地《ひさいち》への激励をねじ込んだのである。

出廷の直前にも台風の被災地へ

超大型の第二室戸台風が列島を襲《おそ》ったのは九月十六日だった。死者、行方不明者二〇〇人超、負傷者五〇〇〇人弱。住家の全《ぜん》・半壊《はんかい》や破損《はそん》は五十万戸に迫った。特に西大阪は甚大《じんだい》な被害を受け、床上・床下浸水《しんすい》が十一万六〇〇〇戸、被災者の総数は二十六万人に及《およ》んだ。

西島川が決壊《けっかい》した西淀川区は「人が家もろとも流されていくようなありさま」だっ

たと婦人部員の吉本スヱコが語り残している。大和田小学校の前で文具店を営《いとな》んでいた田之頭勝巳（地区幹事）。「ご飯とやかんを持って大和田小へ避難《ひなん》しました。私が畳《たたみ》を上げて出ていく時には水は胸まで来ていた」。大和田小には人々が殺到《さっとう》し、五〇〇〇人の避難者であふれた。

第一報を受けた池田は現地と連携をとり続けた。台風の最初の上陸地である四国には電報を打った。西淀川には聖教新聞の関西支局記者だった西中清（京都市、総県主事）らが駆けつけた。

井原弘（当時、ブロック長）は「風雨がまだ強いその夜（＝九月十六日）、池田先生のおつかいとして、関西本部より二名の男子部員が乾《かん》パンを持参されました。どの団体も、どの党も来ていない時です。同志はどんなに力がついたことか」と語り残している。

臨時の救援拠点は姫島の栗原実宅に決まった。運送業の足立茂蔵（総区主事）は中之島までトラックを飛ばし、遊覧《ゆうらんよう》用ボートを運び込んだ。あり合わせの木材で筏《いかだ》を組んだ男子部員もいた。婦人部は総出で握《にぎ》り飯《めし》を作った。「各家庭で米一升《いっしょう》、とか分担を決めました。大きな会合の時にはたくさん握っていたから、自然に体が動きました」（流田睦子、総区婦人部主事）。

翌朝、人々は台風の爪跡《つめあと》に息をのんだ。大和田は特に被害が大きく、泥水《どろみず》の底に沈《しず》んだ。大和田小には朝一番で学会員の議員がやって来て毛布を配った。壮年部や男子部の有志も泥水をかき分け、寒さに震えながらボートや筏で行き来し、食料などを運んだ。

◇

池田は関西総支部長の白木義一郎らと連携をとり続けた。三日経《た》っても水が引かない。大和田小の避難者たちは疲労困憊《こんぱい》の極《きわ》みにあった。白木は自らボートを漕《こ》いで被災地を回った。大阪市と交渉し、浸水していない陸地から大和田小の二階のひさしまで臨時《りんじ》の橋をつくるよう、こぎつけた。「徹夜の突貫《とっかん》工事で、翌日完成した。ほんまに早かった。あれで小学校の外に出られたし、救援物資も届けられるようになった」（野崎要、副支部長）。急ごしらえの橋は、誰呼ぶとなく「白木橋」と名づけられた。

◇

九月二十日から三日連続で出廷するため、池田は十九日に来阪した。いよいよ検事への証人尋問である。大正区に住んでいた井上チヨカ。第二室戸台風で被災した一人だった。関西本部に救援のお礼に来ていた。池田は「皆さんお元気ですか。会長が若いから心配をかけるね」と挨拶《あいさつ》し、居合わせた人々に次々と声をかけた。

〈私たち夫婦には新品の御書（＝日蓮の遺文集《いぶんしゅう》）を開かれ「井上夫妻」と揮毫《きごう》をしていただいた。その文字の横に、大きな点が書かれてあるのに気が付いた。「先生、これは何でしょうか」「これはおばあちゃんだよ」〉（井上チヨカの手記）

「おばあちゃん」とは、喘息《ぜんそく》を克服《こくふく》し、五年前に永眠《えいみん》した井上の義母のことだった。〈先生は、その母のことを覚えてくださっていたのだ。慌《あわ》ただしい救援活動の真っただ中のこと。心が熱く溶《と》けていくような瞬間だった〉と井上は書き残している。

「私はまだ一歳だったのですが、後年、大和田小の近くに住む印刷会社の社長さんに、こんな話を聞きました」と平山桂子（西淀川区、総区総合婦人部長）は語る。

――あの台風で大和田小の一階も浸水《しんすい》した。物資も届かず、もうあかんかと思っていた。見たことのある創価学会の幹部の人が食べ物を持ってきて、「学会員はいますか！　学会員はいますか！」と叫《さけ》んでいた。「ああ、学会員しか助けてもらえんのか」と、がっくりした。でもな、違《ちご》うたんや。手をあげた学会員さんらに、その幹部の人は「あんたらが皆さんに配《くば》るんやで」と頼んだんや。信じられへんかった。みんなイヤな顔一つせず、わしらに食べ物を配ってくれた。その姿が仏様に見えたわ。あの時の感謝の思いは一生消えへんで――。

池田は二十日、二十一日と出廷し、検事への証人尋問に臨《のぞ》んだ。翌二十二日。台風の被災から六日経ったが、まだ水は引ききっていなかった。関西本部を出発した池田は、淀川にかかる伝法大橋を車で渡り、此花《このはな》区から西淀川区に入った。午前十一時ごろだった。

「これから裁判所にまいります」

短時間の訪問だったが、「会長がこんなところに来るはずはない」と高をくっていた信心猛反対の壮年が、池田の姿を目の当たりにしてその場で入会を決心したというエピソード（単行本『民衆こそ王者』第二巻で詳述）も飛び出した。

池田は少なくとも区内の五カ所を回り、一〇〇人を超える学会員に声をかけている。国道四三号線、福町交差点の近くに立つ「渚《なぎさ》自転車」には十数人の学会員が集まっていた。救援拠点の栗原宅では、朗々と題目三唱《だいもくさんしょう》した後、外で待ち構える三十人以上の学会員の輪に飛び込んだ。

「大変でしたね」「信心根本に立ち上がって」「必ず変毒為薬《へんどくいやく》してください」。次々に声をかけ、握手を続けた。

出発する車に中山糸子（大阪・八尾市、地区副婦人部長）が駆け寄った。両手に子ど

第二室戸台風で被災した人々を励ます。池田は前々日、前日に続き、この日も大阪事件の公判のため、大阪地方裁判所に出廷した（1961年9月22日、大阪市西淀川区）©Seikyo Shimbun

もを引き、背中には娘の多恵をおぶっていた。池田は窓越しに多恵の手を握《にぎ》り、糸子に語りかけた。

「病気だね。大丈夫だよ。しっかりお題目を唱えて頑張るんだよ」。

　多恵は小児マヒだった。車が走り出す直前まで、池田は窓越しに多恵の小さな手を握り続けた。

「六歳までしか生きられない、と言われた娘です。今年（二〇一三年）、還《かん》暦《れき》を迎えました。あの時の話をすると、娘ははっきりわかるんですよ」。中山は目頭《めがしら》を濡《ぬ》らし、一瞬の出会いを振り返った。

大和田小向かいの田之頭勝巳宅。泥だらけの家屋《かおく》を片づけていた夫妻と子どもたちは、車のクラクションを聞いて慌《あわ》てて外に飛び出した。田之頭は「まさか、まだぬかるんでいた大和田には来られないだろうと思っていて……先生の気迫に圧倒《あっとう》されて返事するのが精一杯《せいいっぱい》でした」と振り返る。池田は「ともかく誰よりも先に立ち上がるんだ」と励ました。

大和田小を左手に見つつ、佃《つくだ》五丁目で薬局を営む松村文雄宅へ向かった。その場に集《つど》った樋口明。家業が酒屋だったが、麻雀にのめり込み、朝帰りで昼まで寝る。仕事は親と妻に任せきり。そうした日々が十年続き、借金もかさんでいった。「正直、自殺を考えたこともありました。でもあの日、初めて先生と間近に出会って、夫は変わりました。きっぱり賭《か》け事をやめ、少しずつ働き始めました。『先生は温かい人だ、心の深い人だ』とよく話していました」(妻の洋子、婦人部副本部長)。

池田との出会いを機に、家業も好転していった。樋口は副本部長などを歴任し、八十五年の人生をまっとうするまで真面目一徹《いってつ》の人生を歩んだ。

この松村宅で池田は「これから裁判所にまいりますので、これで失礼させていただきます」と挨拶している。〈車の中から身をのり出して、私達年寄《としよ》りに「信心第一にいつまでも長生きして頑張って下さいよ」と励ましてくれました〉(古谷志づの手記)。

御幣島《みてじま》の旧・田中電機前には二十数人が待っていた。池田は「一人ひとりにお見舞いをと考えましたが、食べ物は食べたらおしまい、物はいつか壊《こわ》れてしまうので、会館を建ててはどうだろうか」と呼びかけ、歓声が上がった。この日、池田はさっそく西淀川の担当幹部に、会館用地を探すよう指示を出している。二年後、関西本部を除いて大阪市内初となる会館が西淀川に誕生した。

八十八歳の岡久哲士(総区主事)。当時、西淀川の中心者の一人だった。「池田先生が裁判で、これほど重要な局面を迎えていたことは、まったく知らなかった。そんな素振《そぶ》りは微塵《みじん》も見せられませんでした」。

◇

台風の被災地を駆けずり回り、大阪地裁に到着した池田は、主任検事の鈴木健彌に質問を重ねた。鈴木は「記憶にありません」「記憶にないんです」を連発した。またこの日、鈴木は次のような〝証言〟を残している。――あの「大阪大会」の日(一九五七年七月十七日)、検察庁の中にも学会員が配置され、廊下《ろうか》が学会員で埋《う》めつくされて困った。しかしその黒山の人だかりは、池田君が「控《ひか》えさせろ」と言ったら、あっという間にいなくなった――。

それは裁判長に悪印象を植えつけようとするまったくの偽証《ぎしよう》だった。池田は鈴木に対する二度目の証人尋問で、この偽証を追及した（十月三十日、第七十七回公判）。

その尋問の直前には、欧州九カ国（西ドイツ〈当時〉、イギリス、フランス、オランダ、デンマーク、スペイン、スイス、オーストリア、イタリア）の十一都市を歴訪《れきほう》し、現地の学会員を激励している。帰国して一週間後の出廷になった。

この日、裁判の流れが変わった。

「検察陣の態度に、残念な思いでいっぱいでした」

「是非とも参考のために承《うけたまわ》っておきたい」。鈴木健彌を追及する池田の声が法廷に響いた。検察庁の中に〝黒山の人だかり〟ができたというのはいつか。何人来たのか。次々と問いかけた。鈴木はどの質問にも正確に答えることができなかった。

「わたしはどこで合図をしたんでしょうか。そのようなことは吉川検事も、それから大村検事も、だれも一遍《いつぺん》も証言しておりませんが、錯覚《さつかく》からうそか、どちらかではございませんか」。鈴木は池田の追及をかわすために「そういうことは事実です」と開き直るしかなかった。

池田はさらに「（取り調べに）無理もあり、強迫もあり、馬鹿にされておったように、非常に検察陣の態度に対して、情《なさけ》ない、残念な思いでいっぱいでした」「（我々は）それぞれの信仰の上に立った、ある一つの大きい目的のために立って行動していることもおわかりになって戴《いただ》きたい」と裁判長に訴え、尋問を終えた。

策《さく》を弄《ろう》する検事の言動にも、池田は動ずることはなかった。大阪地裁は、検察調書を却下《きやつか》する決定のなかで、次のように記している。――取り調べの最中、検察がさまざまな〈欺罔《ぎもう》、脅迫《きようはく》、利益誘導、約束、強制等〉を行ったが、〈（池田大作は）検事のこの様《よう》な小細工《こざいく》に乗《じよう》ぜられる様な人柄とは認められない〉。

◇

池田から二度目の尋問を受けた直後、主任検事の鈴木健彌は思わぬ失言《しつげん》をしてしまう。それは、四年前の取り調べの際、池田たち学会員に対し、手錠《てじよう》をはめたまま取り調べたのかどうかを弁護士から質問された時だった。

鈴木は「必ず（手錠を）はずす方針でやって来たんです。拘置所の看守としばしば争ったこともあるんです」と証言した。その時、裁判長の田中勇雄は、質問を続けようとする弁護士をさえぎった。そして証言台に立つ鈴木に、こう尋ねた。

「尋問中ですが、それほんとですか。吉川検事は反対のことを言ってます」（第七十

七回公判調書）
池田を取り調べた他の検事の証言が、鈴木の証言と、まるで正反対だったのである。裁判長の田中はこの矛盾《むじゅん》を見逃さなかった。大阪拘置所の看守長と四人の看守たちが証人として採用され、裁判長自ら積極的に質問した。
看守・中野一夫――（学会員を）特に丁重《ていちょう》に扱えという通達は？「聞いていません」。
看守・新宅俊和――検事調室《しらべしつ》で「手錠を外せ」と言われたことは？「全然覚えありません」。
看守・山口保雄――検事に言われ、手錠を外したことはありましたか？「それはありません」。
看守・笹井英次――（手錠を外す）手続きをしたことがありましたか？「ありませんでした」。
看守長・有馬俊美――（学会員の手錠を外す）手続きをしたことは？「記憶にありません」。（検事から手錠を外す）承認を求めてきたことは？「求められたことはありません」。
五人全員が鈴木の証言を否定した。二日後の十一月一日、大阪地裁は、検察が池田から取った調書四通を却下した。理由は〝連日しかも夜間にわたって取り調べを強行した。これは黙秘権《もくひけん》の侵害である〟〝強要による自白の可能性がある。任意性に疑いがある〟というものだった。

「検察に起訴されたら九九パーセント以上有罪」と言われる絶望的な闘いに、ようやく光が差し込んだ瞬間だった。

調書却下と男子部の「十万結集」

調書却下の四日後、創価学会の歴史に残る会合が開かれた。東京の国立競技場で男子部総会が行われ、全国からじつに十万人が集ったのである（十一月五日）。一週間後には女子部が横浜で八万五〇〇〇人の総会を開いた。

戸田城聖が青年部に遺《のこ》した指針に〈青年よ、一人立て！　二人は必ず立たん、三人はまた続くであろう。かくして、国に十万の国士《こくし》あらば、苦悩の民衆を救いうること、火を見るよりも明らかである〉という一文がある（「青年よ国士たれ」）。この「十万の結集」という気宇壮大《きうそうだい》な遺言を、池田は青年部の目標として掲《かか》げた。

法廷闘争の山場となった一九六一年（昭和三十六年）、学会青年部は九州、中部、関西、北海道、中国、東北と立て続けに総会を開いた。その集大成が国立競技場での総会だったのである。

大阪から参加した一ノ瀬正康。五カ月ほど前に信心を始めたばかりだった。十万の青年の波のなか、国立競技場に響きわたった戸田の遺訓の朗読が一ノ瀬の人生を変えた。

〝青年は親をも愛さぬような者も多いのに、どうして他人を愛せようか。その無慈悲《むじひ》の自分を乗り越えよ。それが人間革命の戦いである〟

「夫はよく酒に飲まれてしまい、気性も荒く、信心を始める前は別居したこともありました」。妻の恭子（福岡・飯塚市、支部副婦人部長）が語る。「鉄工所《てっこうしょ》の同僚に折伏されてから、夫の人柄は徐々によくなりました。十万結集の前にも、大阪の会合で先生に間近で会ったそうです。今から思えば裁判闘争の最中《さなか》です。帰ってきた夫は『なんでかわからんけど、涙がポロポロ出た』と言っていました」。

一ノ瀬は夜間中学に二年間しか通《かよ》えず、入会当初、読み書きができなかった。「恥《はじ》も外聞《がいぶん》も関係なく、誰彼《だれかれ》問わず字を習い、御書を読めるようになった。うれしくて何度も読み返した」と語り残している。福岡に引っ越し、指物大工《さしものだいく》として働いた。「夫は字が読めるようになると、目の見えない学会員のために音読してあげるようになりました。亡くなるまで、体のどこを切っても創価学会、という一生でしたよ」。そう

東京・国立競技場に10万人が集った第10回男子部総会（1961年11月、東京・新宿区）©Seikyo Shimbun

言って恭子は笑った。

南風原《はえばら》光宏（沖縄、分県総合長）は石垣島から参加した。往復の旅費だけでも月給五カ月分を超える。

「当時、沖縄は日本ではないから、パスポートをとって参加しました。場内の役員に『沖縄からです』と伝えると、池田先生の席の後ろに案内され、びっくりしました」

小林晃（東京・荒川区、区主事）は会長席周辺の整理役員だった。「総会が終わり、場内を一周するためグラウンドに降りられたのですが、その直前、先生は〝これで私の青年部の室長としての闘いは終わった〟ということを言われた。強烈に印象に残りました」。

検事への伝言

池田にとって、青年時代の総決算である十万結集と法廷闘争は、決して切り離すことのできない、負けられない闘いだった。白木義一郎ら関西の最高幹部に、何度か次のような心境を伝えている。「(戸田先生の遺言である)十万結集ができなければ、そして裁判の勝利がなければ、世界の広宣流布はない」。

その場にいた一人は「池田先生は『十万結集』と、ご自身の『裁判の勝利』を、学会を動かす二つのジェット気流のように、車の両輪のように考えておられた。ご自身の闘いとして、両方勝って初めて、国境を超えた弘教の広がりを生むことができると定めておられた」と振り返る。

学会の海外向け広報を担当していた黒柳明(東京・豊島区、総区主事)は「十万結集以降、外国メディアの取材が一気に増えた」と語る。

四年半の法廷闘争を経て、池田の一念が実を結ぼうとしていた。

◇

検察は醜態《しゅうたい》を重ねた。調書を却下《きゃっか》された二週間後の論告求刑《ろんこくきゅうけい》で、池田に対し禁固《きんこ》十カ月という異例の重刑を求め、さらに「本件は氷山《ひょうざん》の一角《いっかく》だ」と言い放ったのである。裁判長の田中勇雄は「氷山の一角」の根拠《こんきょ》を問い、公判担当の検事は「根拠はない」「推測《すいそく》にすぎない」と認めた。

十二月十六日、最終陳述《さいしゅうちんじゅつ》。池田は主権在民《しゅけんざいみん》の日本で、宗教者の政治参加がなぜこれほど非難《ひなん》されるのか、そして何人もの学会員が拷問《ごうもん》に等しい取り調べを受けたことについて「弱い者いじめ」は納得できない、と訴えた。さらに「大阪の検事達が学会を憎《にく》んでいるとしか思えず、検事の使命を達成していない」「検事に謀略《ぼうりゃく》があったことをご賢察《けんさつ》下さい」と痛烈《つうれつ》に糾弾《きゅうだん》した。

閉廷後、公判担当の検事が、池田のそばに寄ってきた。そして〝論告求刑で「氷山の一角」と言ったが悪意《あくい》はなかった、誤解しないでほしい〟と釈明してきた。

池田は、最終陳述で検察を批判したのは「（公判を担当した）あなたに言ったのではない」「（取り調べを担当した）鈴木検事に対してだ。断じて許せない」と告げた。そして「民主主義の続くかぎり、選挙をやって、絶対に勝ってみせますから、（鈴木検事に）そう言っておいてもらいたい」と伝言を託《たく》した。

それは、池田にとって何よりも許しがたい「弱い者いじめ」を繰り返す国家権力に対し、「傲《おご》るなかれ！」と戒《いまし》める諫暁《かんぎょう》の一言だった。

池田の無罪判決が出たのは、それからひと月余り経った一九六二年（昭和三十七年）一月二十五日である。後年、池田は『私の履歴書《りれきしょ》』で次のように綴《つづ》った。〈（無罪の）判決主文《しゅぶん》を耳にして、私は当然のことと思ったが、みずからに言い聞かせた。私だからこそここまで戦えた、と〉（『池田大作全集』第二十二巻）。

大阪事件への思いが、こう続いている。〈多くの市民は、不当な権力に苦しめられてきた。戦前は、もっと多かったにちがいない。胸がはちきれそうな思いがした。私は心の奥底で、生涯、不当な権力に苦しむ民衆を守り、民衆とともに進もうと決意せざるをえなくなっていった〉（同）。

◇

民衆を守り、民衆とともに――無罪判決を受けた直後、池田は真っ先に同志の病気全快を祈っている。関西本部の運営役員だった大澤衛彦（大阪・豊中市、県主事）は「先生が戻られてすぐ『峯山さんはいるか』と問い合わせがあったのを覚えています」と語る。「私は当時、関西本部の職員でした。結婚の後、肋膜炎《ろくまくえん》にかかり、自宅療養《りょうよう》していました」（峯山益子、関西婦人部総主事）。胸に水がたまり、咳《せき》と高熱が長引いていた。

「あの日、事前に『関西本部に来れますか』と連絡があり、母と一緒に向かいまし

「大阪事件」の裁判は４年半続いた。この日、池田は無罪判決を勝ち取り、無実の罪を晴らした（1962年１月25日、大阪市）©Seikyo Shimbun

た」と峯山は振り返る。「歴史的な判決の直後に、たった一人のために、最高幹部の皆さんと一緒に題目をあげてくださった。『池田先生はそういう方なのだ』ということを、関西の学会員は骨身《ほねみ》に染《し》みてわかっていると思います」。

この日、池田は裁判の関係者を前に、御書の一節を引いた。

〈設《たと》い身は此《こ》の難に値《あ》うとも心は仏心に同じ　今生《こんじよう》は修羅《しゆら》道《どう》に交《まじ》わるとも後生は必ず仏国《ぶつこく》に居《こ》せん〉（「曾谷二郎入道殿御返事」、御書一〇六九㌻）

――今世《こんぜ》では戦《いくさ》のやまない修羅の道に生きたとしても、後の世では必ず仏の国土に住むことができるだろう――。「この一節を通して先生は『たとえ難に遭《あ》っても、修羅の道を行くことになっても、広宣流布に立ち上がれば仏です』と言われました」（栗原明子、関西婦人部総主事）。

無罪判決の四日後、池田はイランへ向かった。イラク、トルコ、パキスタンなど七カ国を訪問し、香港とタイのバンコクで支部を結成。四カ国に連絡責任者を設《もう》けた。大阪地検が控訴《こうそ》を断念したという知らせは、エジプトのカイロで聞いた。

カイロの宿舎で「控訴なし」の電報を受けとった後、池田は同行の数人と勤行《ごんぎょう》をした。その時のことを黒柳明は「忘れることができない」と語る。「勤行が終わり、唱題《しょうだい》の最中、先生の声が一瞬、詰まりました。私の目には、熱いものをこらえておられるように映りました」。勝ちました――今は亡き恩師、戸田城聖への報告を込めて、池田たちの唱題が続いた。

◇

大阪高裁の郵便局に勤めていた山下通夫。「昭和四十五年ごろ、職場の建物を見上げる数人の人影に気づきました」と語る。それは、池田が獄中闘争を貫いた建物を見学しに来た、アメリカの婦人部員たちだった。「ほんまに驚いた。あの時『ああ、大阪事件の歴史は、関西や日本だけのものとちゃう（＝違う）んやなあ』と痛感したんです」。大阪地検や裁判所の入った建物が取り壊される時、山下は大阪事件にゆかりのある物品を払い下げてもらうよう、裁判所と粘《ねば》り強く交渉し、許可を得た。「たしかすべて一個五十円だったと思います。全部捨てられる運命やった。たくさんの学会員がその前に立って涙した壁《かべ》の赤レンガや、法廷の椅子《いす》、池田先生が立った証言台、座られた椅子、『傍聴満員《ぼうちょうまんいん》』の札など、トラックを借りて、とにかくたくさん運びました」。拘置所の鉄の扉《とびら》の一部や赤レンガを、東京の池田のもとに届けた。

「先生は『嫌《いや》なものを持ってきたなあ』と笑いながら、こう伝言されました。『牧口先生、戸田先生の獄中の様子がわかるものは、ほとんど残っていない。しかし関西は、私の歴史を残してくれた。ありがとう』と」

この品々をもとに、かつて関西記念館（旧・関西本部）で大阪事件をめぐる展示が常設されていた。「来日したＳＧＩの方々も熱心にご覧になった。いろんな国からぎょうさん来《き》はった」。

「この鉄の閂《かんぬき》を押し開けて、池田先生は出獄されたのか」「私たちは先生と握手したことはないけれど、この扉にふれたから同じことだね」。そう言い合って見学する異国の同志たちに、山下をはじめ大阪事件を知る歴戦《れきせん》の人々は、ときに涙をこらえ、通訳を介して語り続けた。

「大阪事件」の無罪判決は民衆の勝利である

佐々木静子（弁護士）

私は昭和三十年に弁護士になりました。関西初の女性弁護士と期待され、弱い立場の人や困っている人のために、今日まで一生懸命、弁護士活動を続けてきました。

その中で、冤罪《えんざい》事件も多く手がけましたので、冤罪の被告人が無罪と確定されるまでの大変さをよく知っています。ですから、本篇「大阪事件」を読むと、池田ＳＧＩ会長の不当逮捕から無罪判決までの四年半がどれだけ大変だったのか、私には分かります。

印象的だったのは、「私だからこそ、ここまで戦えた」と池田名誉会長が綴《つづ》られていることです。まったく、その通りだと思いました。私の経験では、冤罪で嫌疑《けんぎ》を受ける人は、多数が嫌われ者や、家族すら応援してくれないような人です。しかし、池田会長は、ご自身がしっかりされている方です。

それと、応援がまた、すごいですものね。まれに見る例です。この事件は裁判史上、大きな歴史をつくったと思います。

冤罪事件では、戦えずに罪をかぶって泣き寝入りしたり、途中で力尽きて亡くなってしまったりする人が、とても多いのです。また、戦ったけれどだめで、冤罪で処刑されてしまう人がいることも事実です。

私はこれまでに十八件、冤罪の無罪判決を取っています。けれど、助けられなかった無実の人もいます。そのことを考えると、今も胸がつぶれそうなのです。

検察による調書のでっち上げや暴力的な取り調べについて、映画「真昼の暗黒」を思い浮かべた、との記述がありますが、私は、映画のモデルとなった八海《やかい》事件の弁護にも携《たずさ》わりました。昭和二十六年、真犯人が自分の罪を軽くするために、関係のない四人を共犯者に仕立てた事件です。

無実の罪で死刑判決を受けた青年が、最高裁でシロの判決を受けて釈放《しやくほう》された時は身元引受人となり、彼をわが家に住まわせました。周りの人たちから激しい非難を受けましたが、彼に娘のお稽古《けいこ》ごとの送り迎えをさせると、ようやく理解してもらえました。

しかし、検事側が再度の控訴《こうそ》をしたのです。この時は、全国で三五〇人もの弁護士が立ち上がり、私はその弁護団の事務局長として奔走《ほんそう》しました。最後の判決の時は、全国の支援団体が日比谷公園に集結し、創価学会も応援してくれました。そして、晴れて無罪判決が確定したのです。

「大阪事件」当時は、大阪地裁には五つの刑事部があり、私は第四刑事部で修習《しゅうしゅう》を受けました。第五刑事部で裁判長を務めていた田中勇雄さんのことも、よく存じております。当時、田中裁判長が大量の書類を却下したことも話題になっていました。「検察が取った調書四通を却下した」と本文中にあるので、このことだったのでしょう。田中さんだからできたのだと思います。事件を担当した裁判長が彼だったことは、幸運でした。

「大阪事件」は、池田会長が権力と戦い、そして庶民である創価学会員の方々が応援して勝ち取った、まさに民衆の勝利であるとの印象を持ちました。

師弟で結ばれた宗教は不当な国家圧力に屈しない

佐藤 優（作家・元外務省主任分析官）

大阪事件は、創価学会が民主主義の砦《とりで》であることを示す象徴的な出来事である。現代世界に生きるわれわれは、国家から逃れて生きていくことはできない。しかし、人間の生活を国家に従属《じゅうぞく》させる国家主義は危険だ。池田氏は、〈国家主義というのは、一種の宗教である。誤れる宗教である。国のために人間がいるのではない。人間のために、人間が国をつくったのだ。これを逆さまにした〝転倒《てんとう》の宗教〟が国家信仰である〉（池田大作『池田大作 名言１００選』中央公論新社、二〇一〇年、一一九頁）と述べる。

〝転倒の宗教〟となった国家が、真実の宗教である創価学会に嫉妬《しっと》し、弾圧を加えたのが大阪事件の本質だと私は考える。このときは公職選挙法違反という口実《こうじつ》が用いられたが、罪名は何でもよい。創価学会をまさに人格的に体現する池田大作氏を逮捕、起訴《きそ》することによって、創価学会の社会的、政治的影響力を抹殺《まっさつ》しようとしたのだ。

池田氏の逮捕を知った戸田城聖氏の「できれば、わしが代わって入ってやりたい。あそこは、入った者でないとわからないんだ」という言葉が心を打つ。私も外務省関連の事件に連座《れんざ》し、東京地検特捜部に逮捕され、東京拘置所の独房に五一二日間勾留《こうりゅう》された経験を持つ。それだから「あそこは、入った者でないとわからないんだ」(本書七六頁)という戸田氏の言葉が皮膚感覚でよくわかる。池田氏が逮捕されたのは夏だ。冷房のない独房の暑さは、サウナ風呂のようである。午前七時から午後九時までは、独房の隅《すみ》に黙って座っていなくてはならない。夜も監視用の電灯が点《つ》いている。暑くて眠れない。当時、戸田氏の健康状態は決して良くなかった。しかしそれでも戸田氏は、「できれば、わしが代わって入ってやりたい」と言う。ここに真の同志愛、師弟愛がある。

独房の孤立した状況で、正確な情報も与えられず、また弁護士との面会も不当に妨害されるなかで、池田氏は、ユニークな闘いを展開した。

〈日本では、検察に起訴されると「有罪率は九九・九パーセント」といわれる。きわめて高い有罪率であり、他国に例を見ない。不当な起訴を防ぐために、あらかじめ吟《ぎん》味《み》を重ねて起訴するからだ、ともいわれる。

いったん起訴されてしまえば、無罪を勝ち取るのは奇跡に近い。どれほど理不尽な取り調べで作られた調書であろうと、裁判での逆転は、ほぼ不可能なのである。

しかし池田にとって、体力の衰弱が進んでいた戸田城聖の投獄を防ぎ、創価学会を死守する道は、その「〇・一パーセント」の可能性――裁判しか残されていなかった。

池田は七月十三日から、孤独と闘いながら供述調書づくりに協力し始めた。多くの「点」が集められ、ありもしない「線」が次々に引かれ、大規模な組織的犯行という「面」が仕立て上げられた。

「正義」の名の下に進められた取り調べは、もはや底なしの詭弁《きべん》に陥《おちい》っていた。七月十四日、検察はさらに〈裁判の時にはすぐにひっくり返ってしまうから、もっと完成した調書を作りたいからいろいろと話して貰《もら》いたい〉（第七十回公判調書）と池田に迫った。池田の「自白」は、主に四通の供述調書にまとめられた〉（本書一〇七頁）

まさにここで池田氏は、リアリズムに立った判断をした。池田氏の精神力、意志力を以てすれば、黙秘して警察や検察の調書を一通も作成させないことも可能だった。そうなれば、検察、警察は、他の学会員を逮捕し、圧力、利権誘導、さらに学会員の家族を脅すことによって虚偽の供述調書を取り、池田氏に罪をなすりつける「壮大な物語」を作り上げる。さらに、戸田城聖氏を逮捕し、創価学会を徹底的に壊滅しようとする。「房籠り」（独房から出ることを拒否し、取り調べに応じないこと）や完全黙秘ではなく、所与の条件で、恩師や同志に与える打撃を極少にするために、供述調書の作成に応じた池田氏の判断は正しい。抵抗の美学に酔いしれるのではなく、現実的に創価学会を守るにはどうすればよいかを考えて、池田氏はインテリジェンス（智慧）の闘いを展開したのである。そして、池田氏はこの闘いに勝利して、無罪判決を勝ち取ったのである。

池田氏が強かったのは原点を失わなかったからだ。池田氏は、〈師という原点をもつ人は強い。原点を忘れない。原点を忘れなければ、人間は、進むべき信念の軌道《きどう》を見失うことはないからだ〉（前掲、『池田大作　名言100選』七〇頁）と強調する。「戸田城聖会長をお守りすることが、創価学会を守ることで、信仰を守ることである」という揺《ゆ》るぎない信念があったので、池田氏は闘うことができたのである。これは誰かによって強制された闘いではなく、池田氏の自発的な行動なのである。池田氏は、〈師弟とは、同じ理想を分かち合い、その実現に向かって戦う最高無二《むに》の同志といえるのではないだろうか。師弟は、いわゆる徒弟《とてい》や主従《しゅじゅう》とは、根本的に異なる。後者を一方的な上下関係とすれば、師弟は平等な人間主義の結合である。そこには、弟子の自発の行動がある。師匠の慈愛がある〉（前掲、『池田大作　名言１００選』七一頁）と述べる。

創価学会は、師弟関係によって真の人間主義によって結合された宗教団体なので、国家の不当な圧力に屈しない強さを持つ。

◆小説『人間革命』『新・人間革命』とのおもな関連

（各巻の概要は創価学会公式サイトから）

■第１章　『人間革命』第十巻――「大阪の戦い」

・『人間革命』第10巻（「一念」「脈動」「跳躍」「険路」「展望」）

1956（昭和31）年、創価学会は７月の参院選に推薦候補６人を決定し、大阪地方区は春木征一郎が立つことに。大阪の学会世帯数は少なく、常識的には敗北必至の情勢であった。戸田城聖は、その最高責任者として、山本伸一を派遣。強盛な祈りと最高の作戦・行動に徹し、関西に「不可能を可能にする」勢いを生む。５月には折伏11,111世帯の不滅の金字塔を打ち立て、参院選でも奇跡的な当選を実現させた。

■第２章　大阪事件前夜

・『人間革命』第11巻（「大阪」）

1957（昭和32）年７月３日には、この年の４月に行われた大阪の参院補選を指揮した伸一が、選挙違反容疑で不当逮捕される〝大阪事件〟が起こる。創価学会の台頭に恐れを抱いた国家権力の陰険な弾圧であった。

■第３章　獄中闘争――「0.1 パーセント」の道

・『人間革命』第 11 巻（「大阪」）

検察の取り調べは過酷を極め、〝罪を認めなければ、戸田を逮捕する〟など、脅迫にも等しいものであった。伸一は、衰弱した師の体を案じて、一身に罪を被る。すべてを裁判で明らかにしようと決めた。

■第４章　七月十七日――「創価学会大阪大会」

・『人間革命』第 11 巻（「大阪」）

２週間後に釈放された伸一は、大阪大会で「正義は必ず勝つ！」と師子吼。

■第５章　裁判開始――恩師の死を超えて

・『人間革命』第 11 巻（「裁判」）

1957 年 10 月 18 日、大阪事件の第一回公判が行われる。

■第６章　無罪判決――「私だからこそ、ここまで戦えた」

・『人間革命』第11巻（「裁判」）

裁判開始から無実を勝ち取るまで、４年半もの法廷闘争を要することになる。

・『新・人間革命』第４巻（「春嵐」）

1961（昭和36）年３月、伸一は、〝大阪事件〟の裁判が大きなヤマ場に差しかかっているなか、関西の３総支部の合同幹部会にも出席。自ら学会歌の指揮をとり、全魂を込めて同志を励ます。

・『新・人間革命』第５巻（「勝利」「獅子」）

1962（昭和37）年、１月25日、大阪地方裁判所は、伸一に「無罪」の判決を下した。〝大阪事件〟裁判での勝利の瞬間であった。

第一章　『民衆こそ王者Ⅰ』
第二章～第六章　『民衆こそ王者Ⅴ』
識者の声　『民衆こそ王者Ⅴ』

文庫化にあたり、修正・加筆しました（一部、敬称を略しました）。

文中の年齢、肩書き等は連載時のものです。また、引用文中のルビは編集部によるものです。

御書の引用は、『新編　日蓮大聖人御書全集』（創価学会版）を（御書　ページ）と表記しました。

USHIO
WIDE BUNKO
001

『民衆こそ王者』に学ぶ
常勝関西の源流

二〇一八年五月 五 日 初版発行
二〇二四年六月三十日 四刷発行

著 者 「池田大作とその時代」編纂委員会
発行者 南 晋三
発行所 株式会社 潮出版社
〒102-8110
東京都千代田区一番町6一番町SQUARE
電話/03-3230-0781(編集部)
03-3230-0741(営業部)
振替/00150-5-61090
印刷・製本 中央精版印刷株式会社

ISBN978-4-267-02141-1 C0195

[http://www.usio.co.jp]